金融随机分析教程

李守伟　主编

东南大学出版社
SOUTHEAST UNIVERSITY PRESS
·南京·

图书在版编目(CIP)数据

金融随机分析教程 / 李守伟主编. -- 南京：东南大学出版社,2024.11. -- ISBN 978-7-5766-1536-4
I.F830
中国国家版本馆CIP数据核字第20242RF147号

责任编辑:陈　淑　责任校对:韩小亮　封面设计:王　玥　责任印制:周荣虎

金融随机分析教程

主　　编	李守伟
出版发行	东南大学出版社
出版人	白云飞
社　　址	南京市四牌楼2号
网　　址	http://www.seupress.com
电子邮箱	press@seupress.com
经　　销	全国各地新华书店
印　　刷	广东虎彩云印刷有限公司
开　　本	700 mm×1000 mm　1/16
印　　张	13
字　　数	172千字
版　　次	2024年11月第1版
印　　次	2024年11月第1次印刷
书　　号	ISBN 978-7-5766-1536-4
定　　价	59.00元

本社图书若有印装质量问题,请直接与营销部联系,电话:025-83791830。

前　言

在自然界和人类社会活动中,普遍存在随机现象,所谓随机现象是一类事先不能预知结果的现象。随机现象的特征为条件不能完全决定结果,揭示了条件与结果之间的非确定性联系。在金融领域中也处处存在随机现象,如股价、利率、汇率等都表现出一定的随机性。正是金融领域中处处存在的随机现象,特别是随机现象的动态特征,即随机现象的发展与变化过程,给投资决策、资产定价和风险管理等一系列金融问题的研究与解决带来挑战。因此,创新性地研究解决金融领域中的随机现象,对金融理论发展与金融实践问题解决至关重要。

不同的现象一般采用不同的理论方法进行研究,如采用经典数学方法研究确定性现象,采用模糊数学研究模糊性现象。对于随机现象,概率论与数理统计主要研究的是随机现象的静态特征。而在金融领域中,往往更关注随机现象的动态特征。对此,可采用随机过程理论进行研究。随机过程理论是概率论的重要分支,是一门应用性很强的学科,其为金融领域中随机现象的研究提供了有效的理论方法。使用随机过程理论在概率的意义上描绘整体的运动,才能给问题的解决提供一个可靠的基础。

为此,本书主要介绍随机过程基础理论及其在金融领域中的应用。其内容包括:概率论的基础知识,随机过程的基础知识,Poisson 过程、Markov 链、Brown 运动、鞅、随机微积分和随机微分方程及其在金融中的应用。本书试图将随机过程与金融问题有机结合起来,因此在介绍每一类随机过程基本理论的同时,阐述其如何创造性地解决金融领域的具体问题。需要强调的是，本书主要是为金融工程本科专业准备的，介绍的金融问题重点是资产定价问题，同时也涉及金融风险、有效市场理论等。通过本书内容的介绍，以期为读者提供打开金融随机世界的钥匙。

本书是编者在东南大学金融工程专业（国家级一流本科专业建设点）多年课程教学的基础上，吸收国内外优秀教材之长处编写而成的。由于编者水平有限，书中难免有疏漏或错误之处，敬请读者批评指正。

目 录

第 1 章 概率论的基础知识 …………………………………………… 001
  1.1 概率空间 ………………………………………………… 001
  1.2 随机变量及其分布函数 ………………………………… 004
  1.3 随机变量的数字特征 …………………………………… 007
  1.4 随机变量的收敛性与极限定理 ………………………… 012
  1.5 条件期望 ………………………………………………… 016

第 2 章 随机过程的基础知识 …………………………………………… 020
  2.1 随机过程的定义 ………………………………………… 020
  2.2 随机过程的分布函数 …………………………………… 022
  2.3 随机过程的数字特征 …………………………………… 024
  2.4 随机过程的类型 ………………………………………… 026

第 3 章 Poisson 过程及其在金融中的应用 …………………………… 031
  3.1 Poisson 分布与指数分布 ………………………………… 031
  3.2 Poisson 过程的定义 ……………………………………… 034
  3.3 Poisson 过程的基本性质 ………………………………… 038
  3.4 Poisson 过程的扩展 ……………………………………… 041
  3.5 信用风险简约化模型 …………………………………… 044
  3.6 信用债券定价模型 ……………………………………… 047
  3.7 资产价格跳跃模型 ……………………………………… 049

第 4 章　Markov 链及其在金融中的应用 …………… 054
4.1　离散时间 Markov 链 …………… 054
4.2　连续时间 Markov 链 …………… 067
4.3　资产价格预测分析 …………… 070
4.4　信用等级转移模型 …………… 072
4.5　期权定价模型 …………… 078

第 5 章　Brown 运动及其在金融中的应用 …………… 089
5.1　Brown 运动的定义 …………… 089
5.2　Brown 运动的性质 …………… 092
5.3　Brown 运动的首中时与最大值 …………… 093
5.4　Brown 运动的扩展 …………… 097
5.5　信用风险度量模型 …………… 100
5.6　含跳跃的期权定价公式 …………… 104

第 6 章　鞅及其在金融中的应用 …………… 109
6.1　鞅的定义与性质 …………… 109
6.2　资产价格的鞅变换 …………… 117
6.3　离散时间下期权鞅定价法 …………… 124
6.4　连续时间下期权鞅定价法 …………… 128
6.5　有效市场理论 …………… 130

第 7 章　随机微积分及其在金融中的应用 …………… 135
7.1　均方微积分 …………… 135
7.2　Ito 微积分 …………… 140
7.3　资产价格变化过程 …………… 151

7.4　测度变换与风险中性测度 …………………………………… 154
　　7.5　期权风险中性定价法 ………………………………………… 156

第8章　随机微分方程及其在金融中的应用 ………………………… 160
　　8.1　随机微分方程 ………………………………………………… 160
　　8.2　随机利率模型 ………………………………………………… 163
　　8.3　期权微分方程定价法 ………………………………………… 166
　　8.4　公司债务定价模型 …………………………………………… 173

参考文献 ……………………………………………………………… 178

附录 …………………………………………………………………… 183
　　附录1　金融工程简介 …………………………………………… 183
　　附录2　货币的时间价值 ………………………………………… 185
　　附录3　期权定价理论回顾 ……………………………………… 188
　　附录4　期权定价的一般形式推导 ……………………………… 191
　　附录5　期权价格的敏感性参数 ………………………………… 194
　　附录6　标的资产的波动率 ……………………………………… 197

第1章

概率论的基础知识

概率论是随机过程研究的基础,本章介绍概率论的一些基础知识,如概率空间、随机变量及其分布函数、随机变量的数字特征、随机变量的收敛性与极限定理,以及条件期望等,为后续章节内容的阐述奠定基础。

1.1 概率空间

对于自然界和人类社会活动中的随机现象,我们是通过随机试验来研究的。所谓随机试验是指具有以下三个特征的试验:

(1) 可以在相同的条件下重复进行;

(2) 每次试验的结果不止一个,并能事先明确试验的所有可能的结果;

(3) 每次试验前不能确定哪个结果会出现。

【定义 1-1】 (样本空间)对于随机试验所有可能的结果的集合,我们称其为试验的样本空间,记为 Ω。Ω 中每一个结果,称为样本点或者基本事件。由若干个基本事件组成的集合称为复合事件,无论是基本事件还是复合事件,它们在随机试验中是否发生,都带有随机性,所以将它们都称为随机事件或事件。从集合论角度看,一个随机事件是样本空间的一个子集。

在研究随机现象时,往往没有必要将样本空间的一切子集(事件)都当作研究对象。通常仅对某些事件类感兴趣，从而引出事件 σ-代数的概念。

【定义 1-2】 （σ-代数）假设 $\mathcal{F}$ 为 Ω 中一些事件的集合，如果满足下面性质：

(1) $\Omega \in \mathcal{F}$；

(2) 如果 $A \in \mathcal{F}$，则 A 的对立事件 $\overline{A} \in \mathcal{F}$；

(3) 如果 $A_i \in \mathcal{F}, i=1,2,\cdots$，则 $\bigcup_{i=1}^{+\infty} A_i \in \mathcal{F}$；

则称 $\mathcal{F}$ 为 Ω 上的 σ-代数。

【例 1-1】 假设如下集合类：

$$\mathcal{F}_1 = \{\varnothing, \Omega\}$$

$$\mathcal{F}_2 = \{\varnothing, A, \overline{A}, \Omega\}, \text{其中} A \neq \varnothing, A \neq \Omega$$

$$\mathcal{F}_3 = \{A \mid A \subset \Omega\}$$

显然上述集合类 $\mathcal{F}_1$、$\mathcal{F}_2$ 与 $\mathcal{F}_3$ 均为 Ω 上的 σ-代数，其中 $\mathcal{F}_1$ 为 Ω 上的最小 σ-代数，$\mathcal{F}_3$ 为 Ω 上的最大 σ-代数。

由于事件发生具有随机性，一个根本的问题是如何度量事件发生的可能性大小。而概率便是对随机事件发生的可能性大小的度量。

【定义 1-3】 （概率）设 $\mathcal{F}$ 为定义在 Ω 上的事件 σ-代数，而概率 P 是定义在 $\mathcal{F}$ 上的非负集函数，且满足下面性质：

(1) 对任意的 $A \in \mathcal{F}, 0 \leqslant P(A) \leqslant 1$；

(2) $P(\Omega) = 1$；

(3) 如果 $A_i \in \mathcal{F}, i=1,2,\cdots, A_i \cap A_j = \varnothing (i \neq j)$，则 $P\left(\bigcup_{i=1}^{+\infty} A_i\right) = \sum_{i=1}^{+\infty} P(A_i)$。

由样本空间 Ω、事件 σ-代数 $\mathcal{F}$ 和概率测度 P 构成的全体 $(\Omega, \mathcal{F}, P)$ 称为概率空间。因此，对于一个随机试验，便可建立其所对应的概率空间，而此概率空间便是其数学模型。

在事件 A 发生的条件下,事件 B 发生的概率称为事件 B 关于事件 A 的条件概率,记为

$$P(B|A) = \frac{P(AB)}{P(A)}$$

式中,$P(A) > 0$。

概率测度具有如下性质:

(1) $P(A) = 1 - P(\overline{A})$,$P(\varnothing) = 0$,其中空集 $\varnothing$ 为不可能事件。

(2) $P(A \cup B) = P(A) + P(B) - P(A \cap B)$。

(3) 若 $A_1, A_2, \cdots, A_n$ 互不相容,则 $P(\bigcup_{i=1}^{n} A_i) = \sum_{i=1}^{n} P(A_i)$。

(4) 乘法公式:$P(A_1 A_2 \cdots A_n) = P(A_1) P(A_2 | A_1) \cdots P(A_n | A_1 A_2 \cdots A_{n-1})$;

$P(A_1 A_2 \cdots A_n | B) = P(A_1 | B) P(A_2 | A_1 B) \cdots P(A_n | A_1 A_2 \cdots A_{n-1} B)$,

其中 $P(B) > 0$。

(5) 全概率公式:若 $A_1, A_2, \cdots, A_n$ 互不相容,且 $\bigcup_{i=1}^{n} A_i = \Omega$,则

$$P(B) = \sum_{i=1}^{n} P(BA_i) = \sum_{i=1}^{n} P(B|A_i) P(A_i)$$

(6) 贝叶斯公式:若 $A_1, A_2, \cdots, A_n$ 互不相容,$\bigcup_{i=1}^{n} A_i = \Omega$,$P(A_i) > 0$ ($i = 1, 2, \cdots, n$),则

$$P(A_i | B) = \frac{P(B | A_i) P(A_i)}{\sum_{i=1}^{n} P(B | A_i) P(A_i)}$$

如果事件 A 与 B 满足

$$P(AB) = P(A) P(B)$$

则称事件 A 与 B 相互独立。

更一般地,设 $A_1, A_2, \cdots, A_n$ 为 n 个事件,如果对于任意的 m ($2 \leqslant m \leqslant n$) 和任意的 $1 \leqslant i_1 < i_2 < \cdots < i_m \leqslant n$,有

$$P(A_{i_1} A_{i_2} \cdots A_{i_m}) = P(A_{i_1}) P(A_{i_2}) \cdots P(A_{i_m})$$

则称事件 $A_1, A_2, \cdots, A_n$ 相互独立。事件独立具有如下性质：

(1) 若事件 A 与 B 相互独立，则 A 与 $\overline{B}$，B 与 $\overline{A}$，$\overline{A}$ 与 $\overline{B}$ 也分别相互独立。

(2) 若事件 $A_1, A_2, \cdots, A_n$ 相互独立，则其中任意 $m(1 \leqslant m \leqslant n)$ 个事件相应地换成其对立事件，构成的 n 个事件仍然相互独立。

1.2 随机变量及其分布函数

为了便于研究随机现象，我们可以为随机试验的每一种可能的结果赋予一个数值。如抛一枚硬币，会得到两种可能的结果，即正面与反面，可以记出现正面的结果为 1，出现反面的结果为 0。因此，我们可以得到一个随机变量。

1.2.1 一维随机变量及其分布函数

【定义 1-4】（随机变量）若对任意的 $\omega \in \Omega$，都有一个实数 $X = X(\omega)$ 与之对应，且对任意实数 x，$\{\omega : X(\omega) \leqslant x\}$ 为随机事件，则称 $X = X(\omega)$ 为定义在 Ω 上的随机变量。

【定义 1-5】（分布函数）随机变量 X 取值不超过 x 的概率 $P(X \leqslant x)$ 称为随机变量 X 的分布函数，记为 $F(x)$，即

$$F(x) = P(X \leqslant x), x \in \mathbf{R}$$

分布函数 $F(x)$ 具有下列性质：

(1) $F(x)$ 为非降函数，即当 $x_1 < x_2$ 时，有 $F(x_1) \leqslant F(x_2)$；

(2) $F(-\infty) = \lim\limits_{x \to -\infty} F(x) = 0, F(+\infty) = \lim\limits_{x \to +\infty} F(x) = 1$；

(3) $F(x)$ 为右连续的。

最常见的随机变量有离散型随机变量和连续型随机变量。如果随机变量 X 的可能取值仅有有限个或可列个，则称 X 为离散型随机变量。设

离散型随机变量 X 的所有可能的取值为 $x_k(k=1,2,\cdots)$，相应的概率为 $p_k(k=1,2,\cdots)$，即

$$P(X=x_k)=p_k(k=1,2,\cdots)$$

则称上式为随机变量 X 的概率分布或分布列。显然有：

$$\sum_{k=1}^{+\infty} p_k=1, \quad p_k\geqslant 0(k=1,2,\cdots)$$

离散型随机变量 X 的分布函数为：

$$F(x)=\sum_{x_k\leqslant x} P(X=x_k)$$

如果对于随机变量 X 的分布函数 $F(x)$，存在非负可积函数 $f(x)$，使得对任意的实数 x，有：

$$F(x)=\int_{-\infty}^{x} f(t)\mathrm{d}t$$

则称随机变量 X 为连续型随机变量，$f(x)$ 为其概率密度函数或密度函数，且满足：$\int_{-\infty}^{+\infty} f(x)\mathrm{d}x=1, f(x)\geqslant 0$。

1.2.2 多维随机变量及其分布函数

如果 $X_1,X_2,\cdots,X_n$ 为样本空间 Ω 上的 n 个随机变量，则称 $(X_1,X_2,\cdots,X_n)$ 为 n 维随机变量，也称为 n 维随机向量。

对于任意的实数 $x_1,x_2,\cdots,x_n$，则称

$$F(x_1,x_2,\cdots,x_n)=P(X_1\leqslant x_1,X_2\leqslant x_2,\cdots,X_n\leqslant x_n)$$

为 n 维随机变量 $(X_1,X_2,\cdots,X_n)$ 的分布函数或 $X_1,X_2,\cdots,X_n$ 的联合分布函数。

$(X_1,X_2,\cdots,X_n)$ 的任意子随机向量 $(X_i,X_j,\cdots,X_k)(1\leqslant i<j<k\leqslant n)$ 的分布函数，称为关于 $(X_i,X_j,\cdots,X_k)$ 的边缘分布函数。

与前面一维随机变量类似，n 维随机变量涉及 n 维离散型随机变量和 n 维连续型随机变量。若 $(X_1,X_2,\cdots,X_n)$ 中每个随机变量 $X_k(1\leqslant k\leqslant$

n)均为离散型随机变量,则称其为 n 维离散型随机变量。设随机变量 X_k ($1 \leqslant k \leqslant n$) 仅取有限个或可列个值 $\{x_1^{(k)}, x_2^{(k)}, x_3^{(k)}, \cdots\}$,则称

$$p_{i_1, i_2, \cdots, i_n} = P(X_1 = x_{i_1}^{(1)}, X_2 = x_{i_2}^{(2)}, \cdots, X_n = x_{i_n}^{(n)})$$

为 n 维离散型随机变量 $(X_1, X_2, \cdots, X_n)$ 的分布列或 $X_1, X_2, \cdots, X_n$ 的联合分布列,其中 $i_k = 1, 2, \cdots (1 \leqslant k \leqslant n)$。显然有:

$$p_{i_1, i_2, \cdots, i_n} \geqslant 0, \quad \sum_{i_1} \sum_{i_2} \cdots \sum_{i_n} p_{i_1, i_2, \cdots, i_n} = 1$$

n 维离散型随机变量 $(X_1, X_2, \cdots, X_n)$ 的分布函数为:

$$F(x_1, x_2, \cdots, x_n) = \sum_{x_{i_1}^{(1)} \leqslant x_1} \sum_{x_{i_2}^{(2)} \leqslant x_2} \cdots \sum_{x_{i_n}^{(n)} \leqslant x_n} P(X_1 = x_{i_1}^{(1)}, X_2 = x_{i_2}^{(2)}, \cdots, X_n = x_{i_n}^{(n)})$$

设 n 维随机变量 $(X_1, X_2, \cdots, X_n)$ 的分布函数为 $F(x_1, x_2, \cdots, x_n)$,若存在非负可积函数 $f(x_1, x_2, \cdots, x_n)$,使得对任意的实数 $x_1, x_2, \cdots, x_n$,有:

$$F(x_1, x_2, \cdots, x_n) = \int_{-\infty}^{x_1} \int_{-\infty}^{x_2} \cdots \int_{-\infty}^{x_n} f(y_1, y_2, \cdots, y_n) \mathrm{d}y_1 \mathrm{d}y_2 \cdots \mathrm{d}y_n$$

则称 $(X_1, X_2, \cdots, X_n)$ 为 n 维连续型随机变量,$f(x_1, x_2, \cdots, x_n)$ 为其密度函数,且满足:$\int_{-\infty}^{+\infty} \int_{-\infty}^{+\infty} \cdots \int_{-\infty}^{+\infty} f(x_1, x_2, \cdots, x_n) \mathrm{d}x_1 \mathrm{d}x_2 \cdots \mathrm{d}x_n = 1$,$f(x_1, x_2, \cdots, x_n) \geqslant 0$。

n 维连续型随机变量 $(X_1, X_2, \cdots, X_n)$ 的任意子随机向量 $(X_i, X_j, \cdots, X_k)$ ($1 \leqslant i < j < k \leqslant n$) 的密度函数,称为关于 $(X_i, X_j, \cdots, X_k)$ 的边缘密度函数。

设 n 维随机变量 $(X_1, X_2, \cdots, X_n)$ 的分布函数为 $F(x_1, x_2, \cdots, x_n)$,关于 X_k 的边缘分布为 $F_k(x_k)$ ($1 \leqslant k \leqslant n$)。若对任意的实数 $x_1, x_2, \cdots, x_n$,有:

$$F(x_1, x_2, \cdots, x_n) = \prod_{k=1}^{n} F_k(x_k)$$

则称随机变量 $X_1, X_2, \cdots, X_n$ 相互独立。

n 维随机变量的密度函数具有如下性质:

【性质 1-1】 设 n 维随机变量 $(X_1, X_2, \cdots, X_n)$ 的密度函数为

$f_X(x_1,x_2,\cdots,x_n)$，n 元函数 $y_i=g_i(x_1,x_2,\cdots,x_n)(i=1,2,\cdots,n)$ 存在唯一反函数 $x_i=h_i(y_1,y_2,\cdots,y_n)(i=1,2,\cdots,n)$。若 g_i 与 h_i 有连续偏导数，则由 $Y_i=g_i(X_1,X_2,\cdots,X_n)(i=1,2,\cdots,n)$ 所给定的 n 维随机变量 $(Y_1,Y_2,\cdots,Y_n)$ 的密度函数为：

$$f_Y(y_1,y_2,\cdots,y_n)=f_X(x_1,x_2,\cdots,x_n)|J|$$

其中，$x_i=h_i(y_1,y_2,\cdots,y_n)(i=1,2,\cdots,n)$，$|J|$ 为如下矩阵 J 的行列式

$$J=\begin{pmatrix} \frac{\partial x_1}{\partial y_1} & \frac{\partial x_1}{\partial y_2} & \cdots & \frac{\partial x_1}{\partial y_n} \\ \vdots & \vdots & & \vdots \\ \frac{\partial x_n}{\partial y_1} & \frac{\partial x_n}{\partial y_2} & \cdots & \frac{\partial x_n}{\partial y_n} \end{pmatrix}$$

1.3 | 随机变量的数字特征

随机变量的分布函数完整地刻画和描述了随机变量的统计规律，但在实际问题中，求随机变量的分布函数并不容易，而且有时候仅仅了解随机变量的分布函数是不够的。由此，引入了随机变量的数字特征，如数学期望、方差等。

1.3.1 数学期望

数学期望（也称均值）用于反映随机变量平均取值的大小。离散型随机变量 X 的所有可能的取值为 $x_k(k=1,2,\cdots)$，相应的概率为 $p_k(k=1,2,\cdots)$。若 $\sum_{k=1}^{+\infty}|x_k|p_k<+\infty$，则随机变量 X 的数学期望定义为：

$$E(X)=\sum_{k=1}^{+\infty}x_kp_k$$

在上述的定义中需要注意：随机变量的数学期望是一个实数，形式上是随机变量 X 的可能值的加权平均，其权重是其可能值的相应的概率，

实质上它体现了随机变量 X 取值的平均值。

连续型随机变量 X 的密度函数为 $f(x)$，若 $\int_{-\infty}^{+\infty}|x|f(x)\mathrm{d}x<+\infty$，则随机变量 X 的数学期望定义为：

$$E(X)=\int_{-\infty}^{+\infty}xf(x)\mathrm{d}x$$

数学期望具有如下性质：

(1) $E(C)=C, E(CX)=CE(X)$，其中 C 为常数。

(2) $E\left(\sum_{i=1}^{n}X_i\right)=\sum_{i=1}^{n}E(X_i)$。

(3) 若随机变量 X 与 Y 相互独立，则 $E(XY)=E(X)E(Y)$。

(4) 柯西-施瓦茨不等式：$[E(XY)]^2 \leqslant E(X^2)E(Y^2)$，其中，$E(X^2)<+\infty, E(Y^2)<+\infty$。

(5) 若 X 为非负的随机变量，则 $E(X)=\int_{0}^{+\infty}P(X>x)\mathrm{d}x=\int_{0}^{+\infty}[1-F(x)]\mathrm{d}x$。

我们常常需要计算随机变量函数的数学期望，如计算 $Y=g(X)$ 的数学期望。由随机变量分布函数的求法，可以先求出 $Y=g(X)$ 的分布函数，进而计算其数学期望。而确定 Y 的分布函数并不容易，计算方法较烦琐。可以采用下面的性质计算 $Y=g(X)$ 的数学期望，不必知道 Y 的分布函数，只需知道 X 的分布函数即可。

【性质 1-2】 设 Y 是随机变量 X 的函数，即 $Y=g(X)$，其中 $g(x)$ 为连续函数：

(1) 设随机变量 X 的分布律为 $P(X=x_k)=p_k(k=1,2,\cdots)$，若 $\sum_{k=1}^{+\infty}|g(x_k)|p_k<+\infty$，则

$$E(Y)=E[g(X)]=\sum_{k=1}^{+\infty}g(x_k)p_k$$

(2) 设随机变量 X 的密度函数为 $f(x)$，若 $\int_{-\infty}^{+\infty}|g(x)|f(x)\mathrm{d}x<$

$+\infty$,则

$$E(Y)=E[g(X)]=\int_{-\infty}^{+\infty}g(x)f(x)\mathrm{d}x$$

1.3.2 方差

方差反映随机变量离开数学期望的平均偏离程度。对于随机变量 X,若 $E\{[X-E(X)]^2\}$ 存在,则其方差定义为:

$$\mathrm{Var}(X)=E\{[X-E(X)]^2\}$$

而称 $\sqrt{\mathrm{Var}(X)}$ 为随机变量 X 的标准差。计算随机变量的方差通常采用下式:

$$\mathrm{Var}(X)=E(X^2)-E^2(X)$$

随机变量的方差是其取值与其数学期望的平方距离,以随机变量取值的概率为权重的加权平均,刻画了随机变量取值与其数学期望的偏离程度。若随机变量的取值比较集中,则其方差较小;反之,若随机变量的取值比较分散,则其方差较大。注意到,对于任意的随机变量,其方差不一定存在。例如,随机变量 X 的密度函数为 $f(x)=\dfrac{1}{\pi(1+x^2)}$,其数学期望不存在,所以方差也不存在。

方差具有如下性质:

(1) $\mathrm{Var}(C)=0$,$\mathrm{Var}(CX)=C^2\mathrm{Var}(X)$,其中 C 为常数;

(2) 若随机变量 X 与 Y 相互独立,则 $\mathrm{Var}(X+Y)=\mathrm{Var}(X)+\mathrm{Var}(Y)$;

(3) $\mathrm{Var}(X)=0$ 的充要条件为 $P[X=E(X)]=1$。

1.3.3 协方差与相关系数

协方差在一定程度上反映了两个随机变量之间的相互联系。对于随机变量 X 与 Y,若 $E(X)$,$E(Y)$,$E\{[X-E(X)][Y-E(Y)]\}$ 均存在,则 X 与 Y 的协方差定义为:

$$\mathrm{Cov}(X,Y)=E\{[X-E(X)][Y-E(Y)]\}$$

计算协方差通常采用下式：

$$\mathrm{Cov}(X,Y)=E(XY)-E(X)E(Y)$$

若随机变量 X 与 Y 的方差均大于零，则 X 与 Y 的相关系数为：

$$r_{XY}=\frac{\mathrm{Cov}(X,Y)}{\sqrt{\mathrm{Var}(X)\mathrm{Var}(Y)}}$$

协方差与相关系数具有如下性质：

(1) $\mathrm{Cov}(X+Y,Z)=\mathrm{Cov}(X,Z)+\mathrm{Cov}(Y,Z)$；

(2) 若随机变量 X 与 Y 相互独立，则 $\mathrm{Cov}(X,Y)=0$；

(3) 对任意的常数 a 与 b，$\mathrm{Cov}(aX,bY)=ab\mathrm{Cov}(X,Y)$；

(4) $\mathrm{Var}\left(\sum_{i=1}^{n}X_i\right)=\sum_{i=1}^{n}\mathrm{Var}(X_i)+\sum_{i\neq j}\mathrm{Cov}(X_i,X_j)$；

(5) $|\mathrm{Cov}(X,Y)|\leqslant\sqrt{\mathrm{Var}(X)\mathrm{Var}(Y)}$；

(6) $0\leqslant|r_{XY}|\leqslant 1$；

(7) $|r_{XY}|=1$ 的充要条件为存在常数 a 与 b，使得 $P(Y=aX+b)=1$。

1.3.4 矩母函数与特征函数

矩母函数与特征函数是研究随机变量非常方便的工具，利用矩母函数易计算随机变量的各阶矩，而特征函数能完全刻画随机变量相应的概率分布。从计算的角度来看，特征函数有时比概率分布更便于使用。

随机变量 X 的矩母函数为

$$M_Z(t)=E(\mathrm{e}^{tX})$$

对矩母函数逐次求导并计算在 $t=0$ 时的值，可得随机变量 X 的各阶矩

$$E(X^n)=M_Z^{(n)}(0),\quad n\geqslant 1$$

随机变量 X 的特征函数为

$$\varphi_X(t)=E(\mathrm{e}^{\mathrm{i}tX})=E(\cos tX)+\mathrm{i}E(\sin tX)$$

式中，$\mathrm{i}=\sqrt{-1}$。

若 X 为离散型随机变量,其分布律为 $P(X=x_k)=p_k(k=1,2,\cdots)$,则 X 的特征函数为:

$$\varphi_X(t)=E(\mathrm{e}^{\mathrm{i}tX})=\sum_k \mathrm{e}^{\mathrm{i}tx_k}p_k$$

若 X 为连续型随机变量,其密度函数为 $f(x)$,则 X 的特征函数为:

$$\varphi_X(t)=E(\mathrm{e}^{\mathrm{i}tX})=\int_{-\infty}^{+\infty}\mathrm{e}^{\mathrm{i}tx}f(x)\mathrm{d}x$$

【例 1-2】 设随机变量 X 服从 (a,b) 上的均匀分布,则其特征函数为:

$$\begin{aligned}\varphi_X(t)=E(\mathrm{e}^{\mathrm{i}tX})&=\int_{-\infty}^{+\infty}\mathrm{e}^{\mathrm{i}tx}f(x)\mathrm{d}x\\&=\int_a^b \mathrm{e}^{\mathrm{i}tx}\frac{1}{b-a}\mathrm{d}x=\frac{\mathrm{e}^{\mathrm{i}tb}-\mathrm{e}^{\mathrm{i}ta}}{\mathrm{i}t(b-a)},\quad t\neq 0\end{aligned}$$

而当 $t=0$ 时, $\varphi_X(0)=1$,于是

$$\varphi_X(t)=\begin{cases}\dfrac{\mathrm{e}^{\mathrm{i}tb}-\mathrm{e}^{\mathrm{i}ta}}{\mathrm{i}t(b-a)},&t\neq 0,\\1,&t=0\end{cases}$$

【例 1-3】 设随机变量 X 服从指数分布,相应的密度函数如下:

$$f(x)=\begin{cases}\lambda \mathrm{e}^{-\lambda x},&x\geqslant 0,\\0,&x<0,\end{cases}$$

则其特征函数为:

$$\begin{aligned}\varphi_X(t)=E(\mathrm{e}^{\mathrm{i}tX})&=\int_{-\infty}^{+\infty}\mathrm{e}^{\mathrm{i}tx}f(x)\mathrm{d}x\\&=\int_0^{+\infty}\mathrm{e}^{\mathrm{i}tx}\lambda \mathrm{e}^{-\lambda x}\mathrm{d}x=\frac{\lambda}{\lambda-\mathrm{i}t}\end{aligned}$$

特征函数的重要价值在于:若随机变量 X 的密度函数无法直接算出,则可以首先计算出其特征函数,再通过傅里叶变换最终算出密度函数,计算公式如下:

$$f_X(x)=\frac{1}{2\pi}\int_{-\infty}^{+\infty}\mathrm{e}^{-\mathrm{i}tx}\varphi_X(t)\mathrm{d}t$$

矩母函数和特征函数具有如下性质：

(1) 若 $X_1,X_2,\cdots,X_n$ 相互独立，则 $Y=X_1+X_2+\cdots+X_n$ 的矩母函数为：

$$M_Y(t)=M_{X_1}(t)M_{X_2}(t)\cdots M_{X_n}(t)$$

(2) 若 $X_1,X_2,\cdots,X_n$ 相互独立，则 $Y=X_1+X_2+\cdots+X_n$ 的特征函数为：

$$\varphi_Y(t)=\varphi_{X_1}(t)\varphi_{X_2}(t)\cdots\varphi_{X_n}(t)$$

(3) 随机变量的分布函数由其特征函数唯一决定。

1.4 随机变量的收敛性与极限定理

概率论中许多规律都是在对大量随机现象观察才能呈现出来的，对此常采用极限形式进行处理，常常归结为随机变量序列收敛性问题的研究。对随机变量序列不同意义下的收敛性将导致不同的研究结果，这一系列研究结果常被称为极限定理。而大数定律与中心极限定理是两类极为重要的极限定理。

1.4.1 随机变量的收敛性

1. 以概率 1 收敛

设 $\{X_n,n\geqslant 1\}$ 为随机变量序列，若存在随机变量 X，使得

$$P(\lim_{n\to+\infty}X_n=X)=1$$

则称 $\{X_n,n\geqslant 1\}$ 以概率 1 收敛于 X，也称为几乎处处收敛。

2. 依概率收敛

设 $\{X_n,n\geqslant 1\}$ 为随机变量序列，若存在随机变量 X，使得对任意给定的 $\varepsilon>0$，

$$\lim_{n\to+\infty}P(|X_n-X|\geqslant\varepsilon)=0$$

则称$\{X_n, n \geqslant 1\}$依概率收敛于X。

3. 依分布收敛

设随机变量序列$\{X_n, n \geqslant 1\}$的分布函数列为$\{F_n(x), n \geqslant 1\}$，随机变量$X$的分布函数为$F(x)$，若对$F(x)$的每一个连续点$x$，

$$\lim_{n \to +\infty} F_n(x) = F(x)$$

则称$\{X_n, n \geqslant 1\}$依分布收敛于X。

4. r阶平均收敛

设$\{X_n, n \geqslant 1\}$为随机变量序列，若存在随机变量X，使得

$$\lim_{n \to +\infty} E(|X_n - X|^r) = 0$$

则称$\{X_n, n \geqslant 1\}$ r阶平均收敛于X。其中，$E(|X_n|^r) < +\infty$，$E(|X|^r) < +\infty$，$r > 0$，$n \geqslant 1$。当$r = 2$时，r阶平均收敛称为均方收敛，在后面第7章中会具体阐述。

【性质1-3】 上述四种收敛性具有如下关系：

(1) r阶平均收敛一定依概率收敛；

(2) 以概率1收敛一定依概率收敛；

(3) 依概率收敛一定依分布收敛。

1.4.2 大数定律

在大量重复的试验中，事件A发生的频率具有稳定性。即随着试验次数的增加，事件发生的频率逐渐稳定于某个固定的常数。事件发生的频率具有随机性，这种频率的稳定性应如何理解和严格加以刻画呢？

假设事件A在每次试验中发生的概率为$p(0 < p < 1)$，随机变量X_k ($k = 1, 2, \cdots, n$)是独立的且具有相同的0-1分布，且$E(X_k) = p$，则事件A发生的频率可以表示为$\dfrac{n_A}{n} = \dfrac{1}{n} \sum_{k=1}^{n} X_k$，事件$A$发生的概率$p = \dfrac{1}{n} \sum_{k=1}^{n} E(X_k)$。于是在$n$充分大时事件$A$发生的频率表现出的稳定性的

概率特征，可以用极限形式表示为 $\frac{n_A}{n} \to p(n \to +\infty)$ 或者写为：

$$\frac{1}{n}\sum_{k=1}^{n} X_k \to \frac{1}{n}\sum_{k=1}^{n} E(X_k)(n \to +\infty)$$

那么这种具有概率意义的收敛性该如何理解呢？一般的想法是分析它们的差：

$$\left|\frac{n_A}{n} - p\right| = \left|\frac{1}{n}\sum_{k=1}^{n} X_k - \frac{1}{n}\sum_{k=1}^{n} E(X_k)\right|$$

对任意的 $\varepsilon > 0$，事件 $\left\{\left|\frac{n_A}{n} - p\right| < \varepsilon\right\}$ 的概率在 $n \to +\infty$ 时是多少呢？显然，若频率的稳定性确实存在，则应有：

$$\lim_{n \to +\infty} P\left(\left|\frac{n_A}{n} - p\right| < \varepsilon\right) = \lim_{n \to +\infty} P\left(\left|\frac{1}{n}\sum_{k=1}^{n} X_k - \frac{1}{n}\sum_{k=1}^{n} E(X_k)\right| < \varepsilon\right) = 1$$

所谓的大数定律就是研究随机变量序列满足什么条件，在依概率收敛的意义下，有

$$\frac{1}{n}\sum_{k=1}^{n} X_k \to \frac{1}{n}\sum_{k=1}^{n} E(X_k)(n \to +\infty)$$

关于事件发生的频率稳定于概率，除了上面的依概率收敛的分析方法外，Borel 还建立了以概率 1 收敛意义下的极限定理，即 $P\left(\lim_{n \to +\infty} \frac{n_A}{n} = p\right) = 1$。

【定义 1-6】（弱大数定理）设 $\{X_k\}(k=1,2,\cdots)$ 为一随机变量序列，且 $E(X_k)(k=1,2,\cdots)$ 存在。若对任意的 $\varepsilon > 0$，有

$$\lim_{n \to +\infty} P\left(\left|\frac{1}{n}\sum_{k=1}^{n}[X_k - E(X_k)]\right| \geqslant \varepsilon\right) = 0$$

则称随机变量序列 $\{X_k\}(k=1,2,\cdots)$ 服从弱大数定律或大数定律。

【定义 1-7】（强大数定理）设 $\{X_k\}(k=1,2,\cdots)$ 为一随机变量序列，且 $E(X_k)(k=1,2,\cdots)$ 存在。若

$$P\left(\lim_{n \to +\infty} \frac{1}{n}\sum_{k=1}^{n}[X_k - E(X_k)] = 0\right) = 1$$

则称随机变量序列$\{X_k\}(k=1,2,\cdots)$服从强大数定律。

对于具有不同性质的随机变量序列,大数定律具有各种不同的形式,主要有以下几种:

(1) 切比雪夫大数定律:设$\{X_k\}(k=1,2,\cdots)$为相互独立的随机变量序列,且存在常数C,使得$\text{Var}(X_k) \leqslant C(k=1,2,\cdots)$,则$\{X_k\}(k=1,2,\cdots)$服从弱大数定律。

由切比雪夫大数定律易知,若$\{X_k\}(k=1,2,\cdots)$为相互独立的随机变量序列,且具有相同的数学期望和方差:$E(X_k)=\mu, \text{Var}(X_k)=\sigma^2, k=1,2,\cdots$,则其服从弱大数定律。而这从理论上解释了大量观察值的算术平均值的稳定性,因此在实践中人们可以用大量测量值的算术平均值代替真值。

(2) 伯努利大数定律:设n_A为n次独立重复试验中事件A发生的次数,p为事件A在每次试验中发生的概率,则事件A的频率依概率收敛于p。

(3) 辛钦大数定律:设$\{X_k\}(k=1,2,\cdots)$为相互独立的随机变量序列,服从同一分布,且具有数学期望,即$E(X_k)=\mu, k=1,2,\cdots$,则其服从弱大数定律。

1.4.3　中心极限定理

在实际中,许多随机变量往往服从或近似服从正态分布。这类随机变量所反映的随机现象是由大量的相互独立的随机因素综合作用的结果,即可以表示为一些独立随机变量的和,而其中每个因素所起到的作用是微小的,是所有因素作用总和的一部分。而大量的实践经验表明这一总和的分布往往近似服从正态分布。而中心极限定理就是研究独立随机变量序列的部分和,在什么条件下其极限分布是正态分布的问题,下面介绍两种常见的中心极限定理。

1. 独立同分布的中心极限定理

设随机变量序列 $\{X_k, k \geqslant 1\}$ 独立同分布,具有均值 μ 与方差 σ^2,则

$$\lim_{n \to +\infty} P\left(\frac{X_1 + X_2 + \cdots + X_n - n\mu}{\sigma\sqrt{n}} \leqslant x\right) = \int_{-\infty}^{x} \frac{1}{\sqrt{2\pi}} e^{-\frac{t^2}{2}} dt$$

令 $S_n = X_1 + X_2 + \cdots + X_n$,则强大数定理表明 S_n/n 以概率 1 收敛于 μ,中心极限定理表明当 $n \to +\infty$ 时,S_n 具有渐近正态分布。

2. 李雅普诺夫(Lyapunov)中心极限定理

设 $\{X_k\}(k=1,2,\cdots)$ 为相互独立的随机变量序列,具有数学期望和方差:$E(X_k) = \mu_k$,$\text{Var}(X_k) = \sigma_k^2 \neq 0$,$k=1,2,\cdots$。记 $B_n^2 = \sum_{k=1}^{n} \sigma_k^2$,若存在正数 c,使得

$$\lim_{n \to +\infty} \frac{1}{B_n^{2+c}} \sum_{k=1}^{n} E(|X_k - \mu_k|^{2+c}) = 0$$

则随机变量序列 $\{X_k\}(k=1,2,\cdots)$ 服从中心极限定理。

1.5 条件期望

设 X 与 Y 为离散型随机变量,称下式为给定 $Y=y$ 时随机变量 X 的条件分布函数:

$$F(x|y) = P(X \leqslant x | Y=y) = \frac{P(X \leqslant x, Y=y)}{P(Y=y)}$$

式中,$P(Y=y) > 0$。离散型随机变量 X 的所有可能的取值为 $x_k(k=1,2,\cdots)$,相应的概率为 $p_k(k=1,2,\cdots)$,则其条件数学期望为:

$$E(X|Y=y) = \sum_{k=1}^{+\infty} x_k P(X=x_k | Y=y)$$

设 X 与 Y 为连续型随机变量,称下式为给定 $Y=y$ 时随机变量 X 的条件密度函数:

$$f(x|y) = \frac{f_{XY}(x,y)}{f_Y(y)}$$

其中，$f_{XY}(x,y)$ 为 X 与 Y 的联合密度函数，$f_Y(y)$ 为 Y 的密度函数，$f_Y(y)>0$。相应地，连续型随机变量 X 的条件分布函数为：

$$F(x|y) = \int_{-\infty}^{x} f(t|y) dt$$

连续型随机变量 X 的条件数学期望为：

$$E(X|Y=y) = \int_{-\infty}^{+\infty} xf(x|y) dx$$

用 $E(X|Y)$ 表示随机变量 Y 的函数，其在 $Y=y$ 时的值为 $E(X|Y=y)$。显然，$E(X|Y)$ 也为随机变量，下面给出其具有的性质：

(1) $E(a_1 X_1 + a_2 X_2 | Y) = a_1 E(X_1|Y) + a_2 E(X_2|Y)$，其中 a_1 与 a_2 为常数；

(2) $E(X) = E[E(X|Y)]$；

(3) 若随机变量 X 与 Y 相互独立，则 $E(X|Y) = E(X)$。

上面介绍的是随机变量关于随机变量的条件期望，下面给出条件期望一般的定义与性质。考虑在概率空间 $(\Omega, \mathcal{F}, P)$ 上的随机变量 X 以及 $\mathcal{F}$ 的子 σ-代数 $\mathcal{Z} \subseteq \mathcal{F}$。如果 X 是 $\mathcal{Z}$ 可测的，则 $\mathcal{Z}$ 中信息足以确定 X 的值。如果 X 独立于 $\mathcal{Z}$，则 $\mathcal{Z}$ 中信息无法确定 X 的值。对于介于上述两者之间的情形，我们可以基于 $\mathcal{Z}$ 中的信息给出关于 X 的估计值，但无法确定 X 的值。而基于 $\mathcal{Z}$ 的 X 的条件期望就是这样的一种估计。

【定义 1-8】（条件期望的一般性定义）设 $(\Omega, \mathcal{F}, P)$ 为概率空间，$\mathcal{Z}$ 为 $\mathcal{F}$ 的子 σ-代数，X 为可积的随机变量。基于 $\mathcal{Z}$ 的 X 的条件期望，记为 $E(X|\mathcal{Z})$，满足以下性质：

(1) $E(X|\mathcal{Z})$ 是 $\mathcal{Z}$ 可测的；

(2) $\int_A E(X|\mathcal{Z}) dP = \int_A X dP, \forall A \in \mathcal{Z}$。

注意到上述(2)中的积分为勒贝格积分。如果 $\mathcal{Z}$ 是由随机变量 Y 生成的 σ-代数，即 $\mathcal{Z} = \sigma(Y)$，则我们一般将 $E[X|\sigma(Y)]$ 记为 $E(X|Y)$。

一般地，条件期望具有如下性质：

(1) $E(a_1X_1+a_2X_2|\mathbb{Z})=a_1E(X_1|\mathbb{Z})+a_2E(X_2|\mathbb{Z})$，其中 a_1 与 a_2 为常数；

(2) 如果 X 关于 $\mathbb{Z}$ 可测，则 $E(XY|\mathbb{Z})=XE(Y|\mathbb{Z})$；

(3) $E[E(X|\mathbb{Z})|\mathbb{Q}]=E(X|\mathbb{Q})$，$\mathbb{Q}$ 为 $\mathbb{Z}$ 的子 σ-代数；

(4) $E(X)=E[E(X|\mathbb{Z})]$。

习题 1

1. 若 $P(BC)>0$，证明：$P(AB|C)=P(A|BC)P(B|C)$。

2. 设随机变量 X 的密度函数为：

$$f(x)=\begin{cases} e^{-x}, & x>0, \\ 0, & x\leqslant 0, \end{cases}$$

求随机变量 $Y=e^{aX}(a<0)$ 的数学期望。

3. 设随机变量 X 服从几何分布，$P(X=k)=p(1-p)^{k-1}$，$k=1,2,\cdots$，求该随机变量的数学期望与方差。

4. 设随机变量 X 的分布函数为：

$$F(x)=\begin{cases} A+Be^{-\frac{x^2}{2}}, & x\geqslant 0, \\ 0, & x<0, \end{cases}$$

求 A 与 B 的值。

5. 设随机变量 X 的密度函数为：

$$f(x)=\begin{cases} Axe^{-x}, & x>0, \\ 0, & x\leqslant 0, \end{cases}$$

求 A 的值。

6. 若 X 为非负的随机变量，证明：

$$E(X)=\int_0^{+\infty} P(X>x)\mathrm{d}x=\int_0^{+\infty}[1-F(x)]\mathrm{d}x$$

7. 若 X 与 Y 为离散型随机变量，Y 所有可能的取值为 $\{y_1, y_2, \cdots\}$，证明：

$$E(X) = \sum_{k=1}^{+\infty} E(X|Y=y_k) P(Y=y_k)$$

8. 若 X 为取非负整数值的随机变量，证明：

$$E(X) = \sum_{k=1}^{+\infty} P(X \geqslant k)$$

9. 若随机变量 X 与 Y 满足 $E(X^2) < +\infty$，$E(Y^2) < +\infty$，证明：

$$[E(XY)]^2 \leqslant E(X^2) E(Y^2)$$

第 2 章
随机过程的基础知识

随机现象是自然界和人类社会活动中常见的一种现象。概率论与随机过程是研究随机现象的主要理论方法。概率论主要研究随机现象的静态特征,而随机过程主要研究随机现象的动态特征。本章主要介绍随机过程的定义、分布函数、数字特征及其类型,为后续章节的介绍奠定基础。

2.1 随机过程的定义

概率论研究的随机现象可以由定义在概率空间上的随机变量或者随机向量来描述,但其主要研究随机现象的静态特征,在实际问题中往往需要研究随机现象的动态特征,这就需要同时考虑变化参数相关联的多个或无穷多个随机变量。随机过程便是在这样的背景下产生和发展起来的一种理论,主要研究随机现象变化过程的动态统计规律。

【例 2-1】 在构建投资组合时,需要研究某只股票的收盘价。设某个交易日该股票收盘价格为 S,一般来说它是一个随机变量。如果研究它每个交易日收盘价格的变化情况,则需要研究依赖于时间 t 的随机变量 $S(t), t=1,2,\cdots$。

【例 2-2】 在商业活动中,需要研究某个商店的顾客人数。由概率论可知,单位时间内到达的顾客人数可以用一个离散的随机变量 X 表示。如果需要研究在 $[0,t]$ 这段时间内到达的顾客人数及其概率规律性,显然在不同时间段到达人数和概率是不同的,则需要采用一个与时间 t 相关的随机变量方能加以描述。此时,需要研究依赖于时间 t 的随机变量 $X(t), t \geqslant 0$。

上述两个例子中,需要研究的随机现象不能用一个随机变量来表示,而需要引用一个含有参数的随机向量族来描述,才能刻画随机现象的动态特征。因此,研究随机现象的动态特征,需要采用随机过程方法。

【定义 2-1】 (随机过程)给定概率空间$(\Omega, \mathcal{F}, P)$和一个参数集 T,如果对于任意的 $t \in T$ 都有定义在$(\Omega, \mathcal{F}, P)$上取值于 Z 的一个随机变量 $X(\omega, t)(\omega \in \Omega)$ 与之对应,则称依赖于参数 t 的随机变量族$\{X(\omega, t), \omega \in \Omega, t \in T\}$为随机过程,简记为$\{X(t), t \in T\}, \{X_t, t \in T\}, \{X(t)\}$或$\{X_t\}$。在不发生混淆的情况下,也可记为 $X(t)$ 或 X_t。T 称为参数集,Z 称为随机过程的状态空间。

随机过程是一个关于参数 t 和样本点 ω 的二元函数。对于给定的参数 t,它是一个随机变量,服从某个概率分布;对于给定的样本点 ω,它是关于 t 的实函数,此时称其为随机过程对应于 ω 的一个样本函数,或样本轨道;ω 与 t 都给定时,它是一个单独的数值。随机过程 $X(t)$ 在某个时刻呈现的数值可以用二维或者更高维的随机向量表示。比如一国的经济环境,就必须使用一系列指标来表示,如经济增长率、国民收入、通胀率等。

随机过程将普通函数的概念从实数与实数的对应关系推广到实数与随机变量的对应关系,随机过程是随机变量的推广。随机变量是在固定时间 t 上的试验结果,是一个数的集合。而随机过程是在 $t \in T$ 上的试验结果,是一个时间函数的集合。当 t 固定时,随机过程就成为一个随机变量。随机过程定义中的参数 T 可以是时间集,也可以是长度、质量、速度等物理量。随机过程本来通称随机函数,当参数 T 为时间集时称之为随机过程,但现在将参数不是时间集的随机函数也称为随机过程,对参数集 T 不再有时间集的限制。

2.2 随机过程的分布函数

设$\{X(t), t \in T\}$为一随机过程,对于任意固定的$t \in T$,$X(t)$为一个随机变量,其分布函数为:

$$F_X(t, x) = P(X(t) \leqslant x), x \in \mathbf{R} \tag{2-1}$$

称式(2-1)为随机过程$\{X(t), t \in T\}$的一维分布函数。如果

$$f_X(t, x) = \frac{\partial F_X(t, x)}{\partial x}, t \in T \tag{2-2}$$

存在,则称式(2-2)为随机过程$\{X(t), t \in T\}$的一维密度函数。

一维分布函数和密度函数都只揭示了整个随机过程在某个固定时间点上极其有限的信息,而不能反映随机过程各个时刻的状态之间的联系。

一般地,对于任意固定的$t_1, t_2, \cdots, t_n \in T$,$X(t_1), X(t_2), \cdots, X(t_n)$为$n$个随机变量,它们的$n$维联合分布函数为:

$$F_X(t_1, t_2, \cdots, t_n; x_1, x_2, \cdots, x_n) = P(X(t_1) \leqslant x_1,$$
$$X(t_2) \leqslant x_2, \cdots, X(t_n) \leqslant x_n), (x_1, x_2, \cdots, x_n) \in \mathbf{R}^n \tag{2-3}$$

称式(2-3)为随机过程$\{X(t), t \in T\}$的n维分布函数。如果

$$f_X(t_1, t_2, \cdots, t_n; x_1, x_2, \cdots, x_n) = \frac{\partial^n F_X(t_1, t_2, \cdots, t_n; x_1, x_2, \cdots, x_n)}{\partial x_1 \partial x_2 \cdots \partial x_n},$$
$$t_i \in T, i = 1, 2, \cdots, n \tag{2-4}$$

存在,则称式(2-4)为随机过程$\{X(t), t \in T\}$的n维密度函数。

n维分布函数描述了随机过程在任意n个时刻状态之间的联系,但不能反映随机过程的全部的统计特性。

设$\{X(t), t \in T\}$为一随机过程,其有限维分布函数的全体

$$F = \{F_X(t_1, t_2, \cdots, t_n; x_1, x_2, \cdots, x_n), (x_1, x_2, \cdots, x_n) \in \mathbf{R}^n,$$
$$t_i \in T, i = 1, 2, \cdots, n\}$$

称为随机过程$\{X(t), t \in T\}$的有限维分布函数族。

对于有限维的随机序列而言,一旦获得 n 维分布函数就可以完全决定相应的随机过程。但是对于参数连续的随机过程,在时间域中有无限个可能值,仅仅靠有限的分布函数无法描绘参数连续的随机过程的所有运动特征。

显然,随机过程 $\{X(t),t\in T\}$ 的有限维分布函数族具有如下性质:

(1) 对称性。

对于 $\{1,2,\cdots,n\}$ 的任意排列 $\{i_1,i_2,\cdots,i_n\}$,

$$F_X(t_1,t_2,\cdots,t_n;x_1,x_2,\cdots,x_n)=F_X(t_{i_1},t_{i_2},\cdots,t_{i_n};x_{i_1},x_{i_2},\cdots,x_{i_n})$$

(2) 相容性。

当 $m<n$ 时,

$$F_X(t_1,t_2,\cdots,t_m;x_1,x_2,\cdots,x_m)$$
$$=F_X(t_1,t_2,\cdots,t_m,\cdots,t_n;x_1,x_2,\cdots,x_m,+\infty,\cdots,+\infty)$$

反之,对于给定的满足对称性和相容性条件的分布函数族,是否一定存在一个以其作为有限维分布函数族的随机过程呢?

【定理 2-1】 [柯尔莫哥洛夫(Kolmogorov)存在定理] 设参数集 T 给定,若分布函数族 F 满足对称性和相容性条件,则存在概率空间及在其上定义的随机过程,它的有限维分布函数族是 F。

上述柯尔莫哥洛夫存在定理是随机过程理论的基本定理,是证明随机过程存在性的有力工具。但需注意的是,存在性定理中的概率空间和随机过程的构造并不唯一。

对于两个随机变量我们可以定义其联合分布函数,相应地随机过程亦可以。设 $\{X(t),t\in T\}$ 与 $\{Y(t),t\in T\}$ 为两个随机过程,对任意固定的 $t_1,t_2,\cdots,t_n,t'_1,t'_2,\cdots,t'_m\in T$,$X(t_1),X(t_2),\cdots,X(t_n),Y(t'_1),Y(t'_2),\cdots,Y(t'_m)$ 为 $(n+m)$ 个随机变量,则

$$F_{XY}(t_1,\cdots,t_n;t'_1,\cdots,t'_m;x_1,\cdots,x_n;y_1,\cdots,y_m)$$
$$=P(X(t_1)\leqslant x_1,\cdots,X(t_n)\leqslant x_n;Y(t'_1)\leqslant y_1,\cdots,Y(t'_m)\leqslant y_m),(x_1,\cdots,x_n)\in \mathbf{R}^n,(y_1,\cdots,y_m)\in \mathbf{R}^m \tag{2-5}$$

称式(2-5)为随机过程$\{X(t),t\in T\}$与$\{Y(t),t\in T\}$的$(n+m)$维联合分布函数。如果

$$f_{XY}(t_1,\cdots,t_n;t_1',\cdots,t_m';x_1,\cdots,x_n;y_1,\cdots,y_m)$$
$$=\frac{\partial^{n+m}F_{XY}(t_1,\cdots,t_n;t_1',\cdots,t_m';x_1,\cdots,x_n;y_1,\cdots,y_m)}{\partial x_1\cdots\partial x_n\partial y_1\cdots\partial y_m}, \quad (2-6)$$
$$t_i,t_j'\in T, i=1,2,\cdots,n; j=1,2,\cdots,m$$

存在,则称式(2-6)为随机过程$\{X(t),t\in T\}$与$\{Y(t),t\in T\}$的$(n+m)$维联合密度函数。

2.3 随机过程的数字特征

虽然随机过程的分布函数族能完整地描述随机过程的统计特性,但是在实际应用中,要确定随机过程的分布函数族并加以分析比较困难。因此,可以将随机变量的数字特征推广到随机过程中,用以研究随机过程的主要特性。注意到随机过程的数字特征不再是确定的数值,而是关于参数 t 的函数。

【定义 2-2】 (期望函数)设$\{X(t),t\in T\}$为随机过程,对于任意的$t\in T$,如果

$$m_X(t)=E[X(t)] \quad (2-7)$$

存在,则称 $m_X(t)$ 为该随机过程的期望函数或均值函数。

【定义 2-3】 (方差函数)设$\{X(t),t\in T\}$为随机过程,对于任意的$t\in T$,如果

$$D_X(t)=E\{[X(t)-m_X(t)]^2\} \quad (2-8)$$

存在,则称 $D_X(t)$ 为该随机过程的方差函数。显然,$D_X(t)=E[X(t)]^2-[m_X(t)]^2$。

【定义 2-4】 (自相关函数)设$\{X(t),t\in T\}$为随机过程,对于任意

的 $t_1, t_2 \in T$，如果

$$R_X(t_1, t_2) = E[X(t_1)X(t_2)] \quad (2-9)$$

存在，则称 $R_X(t_1, t_2)$ 为该随机过程的自相关函数。

【定义 2-5】 （协方差函数）设 $\{X(t), t \in T\}$ 为随机过程，对于任意的 $t_1, t_2 \in T$，如果

$$C_X(t_1, t_2) = E\{[X(t_1) - m_X(t_1)][X(t_2) - m_X(t_2)]\} \quad (2-10)$$

存在，则称 $C_X(t_1, t_2)$ 为该随机过程的协方差函数。显然 $C_X(t_1, t_2) = R_X(t_1, t_2) - m_X(t_1)m_X(t_2)$。

【定义 2-6】 （互相关函数）设 $\{X(t), t \in T\}$ 与 $\{Y(t), t \in T\}$ 为两个随机过程，对于任意的 $t_1, t_2 \in T$，如果

$$R_{XY}(t_1, t_2) = E[X(t_1)Y(t_2)] \quad (2-11)$$

存在，则称 $R_{XY}(t_1, t_2)$ 为随机过程 $\{X(t), t \in T\}$ 和 $\{Y(t), t \in T\}$ 的互相关函数。进一步可定义它们的互协方差函数如下：

$$C_{XY}(t_1, t_2) = E\{[X(t_1) - m_X(t_1)][Y(t_2) - m_Y(t_2)]\} \quad (2-12)$$

【定义 2-7】 设 $\{X(t), t \in T\}$ 与 $\{Y(t), t \in T\}$ 为两个随机过程，对于任意的 $t_1, t_2 \in T$，都有

$$E[X(t_1)Y(t_2)] = E[X(t_1)]E[Y(t_2)]$$

则称随机过程 $\{X(t), t \in T\}$ 与 $\{Y(t), t \in T\}$ 是不相关的。

【定义 2-8】 设 $\{X(t), t \in T\}$ 与 $\{Y(t), t \in T\}$ 为两个随机过程，对于任意的 $n, m, t_1, t_2, \cdots, t_n, t'_1, t'_2, \cdots, t'_m \in T$，$(X(t_1), X(t_2), \cdots, X(t_n))$ 与 $(Y(t'_1), Y(t'_2), \cdots, Y(t'_m))$ 相互独立，则称随机过程 $\{X(t), t \in T\}$ 与 $\{Y(t), t \in T\}$ 是独立的。

【例 2-3】 设随机过程 $X(t) = U\cos 2t$，其中 U 为随机变量，$E(U) = 5$，$D(U) = 6$，试求：(1) 均值函数；(2) 方差函数；(3) 协方差函数。

解：(1) $m_X(t) = E(U\cos 2t) = \cos 2t E(U) = 5\cos 2t$

(2) $D_X(t) = D(U\cos 2t) = \cos^2 2t D(U) = 6\cos^2 2t$

(3) $C_X(t_1,t_2) = E\{[X(t_1)-m_X(t_1)][X(t_2)-m_X(t_2)]\}$

$\qquad = E[(U-5)\cos2t_1 \cdot (U-5)\cos2t_2]$

$\qquad = \cos2t_1\cos2t_2 E[(U-5)^2]$

$\qquad = 6\cos2t_1\cos2t_2$

【例 2-4】 设随机过程 $X(t)=U\cos2t, Y(t)=U\sin2t$，其中 U 为随机变量，$D(U)=6$，试求它们的互协方差函数。

解：$C_{XY}(t_1,t_2) = E\{[X(t_1)-m_X(t_1)][Y(t_2)-m_Y(t_2)]\}$

$\qquad = E\{[U-E(U)]\cos2t_1 \cdot [U-E(U)]\sin2t_2\}$

$\qquad = \cos2t_1\sin2t_2 E\{[U-E(U)]^2\}$

$\qquad = 6\cos2t_1\sin2t_2$

2.4 随机过程的类型

2.4.1 按状态与参数分类

根据随机过程的状态空间 Z 和参数集 T，可将随机过程分为以下四类：

（1）若随机过程的状态连续，参数也连续，则称其为连续随机过程。

（2）若随机过程的状态离散，而参数连续，则称其为离散随机过程。

（3）若随机过程的状态连续，而参数离散，则称其为连续随机变量序列。

（4）若随机过程的状态离散，参数也离散，则称其为离散随机变量序列。

2.4.2 按过程的性质分类

根据过程的性质还可将随机过程分为二阶矩过程、平稳过程、平稳增量过程、独立增量过程等。

1. 二阶矩过程

【定义 2-9】 设 $\{X(t), t \in T\}$ 为随机过程，如果对任意的 $t \in T$，有
$$E[X^2(t)] < +\infty$$
则称该随机过程为二阶矩过程。例如，高斯过程、Poisson 过程、Brown 运动和宽平稳过程等均是二阶矩过程。

【例 2-5】 判断随机过程 $\{X(t) = X\cos\omega t, t \in T\}$ 在下列两种情况下是否为二阶矩过程，其中 ω 为常数。

(1) $X \sim N(\mu, \sigma^2)$；

(2) X 的密度函数为 $f(x) = \dfrac{1}{\pi(1+x^2)}$。

解：(1) $E[X^2(t)] = E(X^2\cos^2\omega t) = \cos^2\omega t E(X^2)$
$$= (\mu^2 + \sigma^2)\cos^2\omega t < +\infty$$
因此，$\{X(t), t \in T\}$ 为二阶矩过程。

(2) $E[X^2(t)] = \displaystyle\int_{-\infty}^{+\infty} \dfrac{x^2 \cos^2\omega t}{\pi(1+x^2)} \mathrm{d}x = +\infty$

因此，$\{X(t), t \in T\}$ 不是二阶矩过程。

2. 平稳过程

【定义 2-10】 设 $\{X(t), t \in T\}$ 为随机过程，如果对任意的正整数 n，任意的 $t_1, t_2, \cdots, t_n \in T$ 和任意的 τ，且 $t_1+\tau, t_2+\tau, \cdots, t_n+\tau \in T$，有限维分布函数满足：
$$F_X(t_1, t_2, \cdots, t_n; x_1, x_2, \cdots, x_n)$$
$$= F_X(t_1+\tau, t_2+\tau, \cdots, t_n+\tau; x_1, x_2, \cdots, x_n)$$
则称该随机过程 $\{X(t), t \in T\}$ 为严平稳过程。

值得注意的是，由于严平稳对二阶矩没有要求，因此其不一定就是二阶矩过程。一般地，凡是其概率特性不随时间推移而变化的过程就是严平稳过程。但是根据严平稳过程的定义，判断随机过程是不是严平稳的，

需要验证全体有限维分布函数。而在实际问题中要掌握随机过程所有的有限维分布函数的信息,显然不现实。将随机过程分为平稳和非平稳具有重要的现实意义。因为若随机过程是平稳的,则可使问题的分析得到简化。例如,分析某个过程的统计特性,若其是平稳过程,则在任何时刻进行分析可得到相同的结果。下面给出在理论和实际应用中更为重要的另一种平稳过程的概念。

【定义 2-11】 设 $\{X(t), t \in T\}$ 为一个二阶矩过程,如果满足:

(1) $E[X(t)] = \mu_X$ 为常数 $(t \in T)$;

(2) 对任意的 $t, t+\tau \in T, R_X(t, t+\tau) = E[X(t)X(t+\tau)]$ 与 t 无关而只与 τ 有关;

则称该随机过程 $\{X(t), t \in T\}$ 为宽平稳过程。

从上述定义可知严平稳过程不一定是宽平稳过程,因为严平稳过程不一定是二阶矩过程。而宽平稳过程只确保其的一阶矩和二阶矩不随时间推移而改变,并不能确保其任意有限维分布函数不随时间而改变,因而宽平稳过程也不一定是严平稳过程。

3. 平稳增量过程

【定义 2-12】 设 $\{X(t), t \in T\}$ 为随机过程,如果对任意的 $t_1, t_2 \in T$,任意的 τ 且 $t_1+\tau, t_2+\tau \in T$,使得 $X(t_2+\tau) - X(t_1+\tau)$ 与 $X(t_2) - X(t_1)$ 具有相同的概率分布,则称该随机过程 $\{X(t), t \in T\}$ 为平稳增量过程。

4. 独立增量过程

【定义 2-13】 设 $\{X(t), t \in T\}$ 为随机过程,如果对任意的正整数 n,任意的 $t_1 < t_2 < \cdots < t_n \in T$,使得增量

$$X(t_2) - X(t_1), X(t_3) - X(t_2), \cdots, X(t_n) - X(t_{n-1})$$

是相互独立的随机变量,则称该随机过程 $\{X(t), t \in T\}$ 为独立增量过程。后面章节将介绍的 Poisson 过程和 Brown 运动便是两类重要的独立增量

过程。

【例 2-6】 设 $\{X(t),t\geq 0\}$ 为独立增量过程，$X(0)=0$，则 $C_X(s,t)=D_X(\min\{s,t\})$。

证明：

$$C_X(s,t)=E[X(t)X(s)]-m_X(t)m_X(s)$$
$$\xlongequal{t>s\geq 0}E\{[X(t)-X(s)][X(s)-X(0)]\}+E[X^2(s)]-m_X(t)m_X(s)$$
$$=E[X(t)-X(s)]E[X(s)-X(0)]+E[X^2(s)]-m_X(t)m_X(s)$$
$$=E[X(t)]E[X(s)]-E^2[X(s)]+E[X^2(s)]-m_X(t)m_X(s)$$
$$=D_X(s)$$

同理，当 $s>t\geq 0$ 时，$C_X(s,t)=D_X(t)$。于是，$C_X(s,t)=D_X(\min\{s,t\})$。

习题 2

1. 设 ξ、η 是均值为 0，方差为 σ^2 的同分布实值随机变量，且 $E(\xi\eta)=0$；对固定的 $\omega\in[0,\pi]$，试求 $X(n)=\xi\cos n\omega+\eta\sin n\omega(n=0,\pm 1,\cdots)$ 的均值函数与协方差函数。

2. 设随机变量 X 与 Y 相互独立且均服从 $N(0,1)$，$X(t)=e^{X+tY}$，试求随机过程 $X(t)$ 的均值函数与自相关函数。

3. 设随机过程 $X(t)=\xi t+a$，其中 a 为常数，随机变量 $\xi\sim N(0,1)$，试求随机过程 $X(t)$ 的一维密度函数、均值函数与自相关函数。

4. 设随机变量 X 与 Y 相互独立且均服从 $N(0,\sigma^2)$，$X(t)=Xt+Y$，$t\in\mathbf{R}$，试求随机过程 $X(t)$ 的均值函数、自相关函数与协方差函数。

5. 设随机过程 $Y_n=\sum_{i=1}^{n}X_i$，$Y_0=0$，其中 $X_i(i=1,2,\cdots,n)$ 是相互独立的同分布随机变量序列，且 $P(X_i=1)=p$，$P(X_i=0)=1-p$，求随机过程 $Y_n(n=0,1,2,\cdots)$ 的均值函数和方差函数。

6. 设随机过程 $\{X(t),t\in T\}$ 与 $\{Y(t),t\in T\}$ 的协方差函数为 $C_{XY}(t,s)$，

试证明：
$$|C_{XY}(t,s)| \leqslant \sqrt{D_X(t)D_Y(s)}$$

7. 设随机过程 $X(t)=U\cos t+V\sin t$，$-\infty<t<+\infty$，其中 U、V 相互独立，且均服从 $N(0,1)$。

(1) $X(t)$ 是宽平稳过程吗？

(2) $X(t)$ 是严平稳过程吗？

8. 设函数 $g(t)$ 满足 $g(t)=g(t+T)$，随机变量 ξ 为 $(0,T)$ 上的均匀分布，$X(t)=g(t-\xi)$，试证明：
$$E[X(t)X(t+\tau)]=\frac{1}{T}\int_0^T g(t)g(t+\tau)\mathrm{d}t$$

第 3 章
Poisson 过程及其在金融中的应用

Poisson 过程是一类较为简单的时间连续而状态离散的随机过程,是以法国数学家泊松(Simeon Denis Poisson)的名字命名的。Poisson 过程是一类非常特殊的计数过程,常用于刻画一段时间内事件出现的次数。本章主要介绍 Poisson 过程的定义、基本性质及其扩展过程,同时介绍 Poisson 过程在金融领域中一些典型的应用。

3.1 | Poisson 分布与指数分布

3.1.1 Poisson 分布

在介绍 Poisson 过程之前,我们先介绍与其密切相关的 Poisson 分布。在概率论学习中,我们知道 Poisson 分布适合于描述单位时间内随机事件发生的次数。若随机变量 X 的所有可能取值为 $0,1,2,\cdots$,而取各个值的概率为

$$P(X=k)=\frac{\lambda^k \mathrm{e}^{-\lambda}}{k!},\ k=0,1,2,\cdots\ (\lambda>0) \qquad (3-1)$$

则称随机变量 X 服从参数为 λ 的 Poisson 分布,记作 $X \sim \mathrm{Poi}(\lambda)$。

【性质 3-1】 若随机变量 $X \sim \mathrm{Poi}(\lambda)$,则其具有如下性质:
(1) $E(X)=\mathrm{Var}(X)=\lambda$;

(2) 若 $X_i \sim \mathrm{Poi}(\lambda_i)(i=1,2,\cdots,n)$ 且 $X_1,X_2,\cdots,X_n$ 相互独立,则 $\sum_{i=1}^n X_i \sim \mathrm{Poi}\left(\sum_{i=1}^n \lambda_i\right)$。

下面仅证明上述性质(2),即 Poisson 分布的可加性。

证明:以两个随机变量为例,则有

$$P(X_1+X_2=N) = \sum_{n=0}^N P(X_1=n)P(X_2=N-n)$$

$$= \sum_{n=0}^N \frac{(\lambda_1)^n}{n!}e^{-\lambda_1}\frac{(\lambda_2)^{N-n}}{(N-n)!}e^{-\lambda_2}$$

$$= \frac{1}{N!}\left[\sum_{n=0}^N \frac{N!}{n!(N-n)!}(\lambda_1)^n(\lambda_2)^{N-n}\right]e^{-(\lambda_1+\lambda_2)}$$

$$= \frac{(\lambda_1+\lambda_2)^N}{N!}e^{-(\lambda_1+\lambda_2)}$$

因此可见:

$$X_1+X_2 \sim \mathrm{Poi}(\lambda_1+\lambda_2)$$

3.1.2 指数分布

指数分布是另一种与 Poisson 过程密切相关的概率分布。若随机变量 T 满足:

$$P(T \leqslant t) = 1 - e^{-\lambda t}, t \geqslant 0 \tag{3-2}$$

则称随机变量 T 服从参数为 λ 的指数分布,记作 $T \sim \varepsilon(\lambda)$。

由式(3-2)易得指数分布相应的密度函数:

$$f_T(t) = \begin{cases} \lambda e^{-\lambda t}, & t \geqslant 0, \\ 0, & t < 0, \end{cases}$$

进而根据指数分布的密度函数,可得随机变量 T 的期望和方差,具体如下:

$$E(T) = \int_0^{+\infty} t f_T(t)\mathrm{d}t = \int_0^{+\infty} t\lambda e^{-\lambda t}\mathrm{d}t = \frac{1}{\lambda}$$

$$\mathrm{Var}(T) = E(T^2) - [E(T)]^2 = \int_0^{+\infty} t^2 f_T(t)\mathrm{d}t - \frac{1}{\lambda^2} = \frac{2}{\lambda^2} - \frac{1}{\lambda^2} = \frac{1}{\lambda^2}$$

【性质 3-2】 指数分布具有如下性质：

(1) 若随机变量 $T \sim \varepsilon(\lambda)$，则
$$P(T>t+s \mid T>t) = P(T>s)$$

(2) 设 $T_i \sim \varepsilon(\lambda_i)(i=1,2,\cdots,n)$，且 $T_1,T_2,\cdots,T_n$ 相互独立，则
$$\min\{T_1,T_2,\cdots,T_n\} \sim \varepsilon(\lambda_1+\lambda_2+\cdots+\lambda_n)$$

(3) 设 $T_i \sim \varepsilon(\lambda_i)(i=1,2)$，且 T_1 与 T_2 相互独立，则
$$E(\max\{T_1,T_2\}) = \frac{1}{\lambda_1} + \frac{1}{\lambda_2} - \frac{1}{\lambda_1+\lambda_2}$$

(4) 设 $T_i \sim \varepsilon(\lambda)(i=1,2,\cdots,n)$，且 $T_1,T_2,\cdots,T_n$ 相互独立，则 $\sum_{i=1}^{n} T_i$ 服从 Erlang 分布，密度函数为
$$f_{\sum_{i=1}^{n} T_i}(t) = \lambda e^{-\lambda t} \frac{(\lambda t)^{n-1}}{(n-1)!}, t \geq 0$$

证明：(1) 由于 $P(T \leq t) = 1 - e^{-\lambda t}$，因此 $P(T>t) = e^{-\lambda t}$。于是有：
$$P(T>t+s \mid T>t) = \frac{P(T>t+s, T>t)}{P(T>t)} = \frac{P(T>t+s)}{P(T>t)}$$
$$= \frac{e^{-\lambda(t+s)}}{e^{-\lambda t}} = e^{-\lambda s} = P(T>s)$$

(2) 由不等式的性质，可得：
$$P(\min\{T_1,T_2,\cdots,T_n\}>t) = P(T_1>t, T_2>t, \cdots, T_n>t)$$
$$= P(T_1>t)P(T_2>t)\cdots P(T_n>t)$$
$$= e^{-(\lambda_1+\lambda_2+\cdots+\lambda_n)t}$$

于是可知：
$$\min\{T_1,T_2,\cdots,T_n\} \sim \varepsilon(\lambda_1+\lambda_2+\cdots+\lambda_n)$$

(3) 由 $\max\{T_1,T_2\} = T_1 + T_2 - \min\{T_1,T_2\}$，可得：
$$E(\max\{T_1,T_2\}) = E(T_1) + E(T_2) - E(\min\{T_1,T_2\})$$

进一步由性质(2)可知：
$$E(\max\{T_1,T_2\}) = \frac{1}{\lambda_1} + \frac{1}{\lambda_2} - \frac{1}{\lambda_1+\lambda_2}$$

(4) 由于指数分布相应的特征函数为 $\frac{\lambda}{\lambda-\mathrm{i}t}$,则由特征函数的性质可得 $\sum_{i=1}^{n}T_i$ 的特征函数为 $\left(\frac{\lambda}{\lambda-\mathrm{i}t}\right)^n$。而此特征函数对应的概率分布为 Erlang 分布,具有如下密度函数:

$$f_{\sum_{i=1}^{n}T_i}(t)=\lambda\mathrm{e}^{-\lambda t}\frac{(\lambda t)^{n-1}}{(n-1)!},t\geqslant 0$$

上述指数分布性质(1)为其无记忆性特征。如果将随机变量 T 视为一台仪器的使用寿命,那么性质(1)说明该仪器在已经正常工作 t h 的前提下,其继续正常工作 s h 的条件概率,与其出厂后正常工作 s h 的无条件概率是完全一样的。也就是说,仪器之前正常工作 t h,不会对其未来正常工作的时间产生任何影响,该特征就是指数分布的无记忆性。需要特别注意的是,指数分布是唯一具有无记忆性的连续型概率分布。

3.2 | Poisson 过程的定义

在实际中,通常需要观测到时刻 t 时某事件出现的次数,如保险公司在 $[0,t]$ 内的赔偿次数等。用 $N(t)$ 表示某事件到时刻 t 时出现的次数,通常称 $\{N(t),t\geqslant 0\}$ 为计数过程。关于计数过程的严格定义具体如下。

用 $N(t)$ 表示从时刻 0 到时刻 t 为止已发生的事件的总数,称随机过程 $\{N(t),t\geqslant 0\}$ 为计数过程,需满足下面条件:

(1) $N(t)\geqslant 0$;

(2) $N(t)$ 取整数值;

(3) 若 $s<t$,则 $N(s)\leqslant N(t)$;

(4) 当 $s<t$ 时,$N(t)-N(s)$ 表示在区间 $(s,t]$ 中发生的事件的次数。

Poisson 过程是计数过程最重要的类型之一,其定义如下。

【定义 3-1】 (齐次 Poisson 过程)设 $\{N(t),t\geqslant 0\}$ 为计数过程,满足

下面条件：

(1) $N(0)=0$；

(2) $\{N(t),t\geqslant 0\}$为独立增量过程；

(3) 对任意的$t\geqslant 0,s\geqslant 0,P(N(t+s)-N(s)=k)=\dfrac{(\lambda t)^k}{k!}\mathrm{e}^{-\lambda t},k=0,1,2,\cdots$；

则称计数过程$\{N(t),t\geqslant 0\}$为齐次 Poisson 过程。

无特殊说明，后面将齐次 Poisson 过程简称 Poisson 过程。注意到 Poisson 过程定义的条件(3)中$N(t+s)-N(s)$的分布只依赖于时间间隔t，与初始时间点s无关，这意味着 Poisson 过程为平稳增量过程。而且对任意的$t\geqslant 0,N(t)$为服从参数为λt的 Poisson 分布，因此，$E[N(t)]=\lambda t$。进而参数λ表示过程在单位时间内事件发生的平均次数，因此也称λ为过程的强度或速率。根据上述的定义，要判断一个计数过程是否为 Poisson 过程，需要验证上述 3 个条件，而定义中条件(3)不易验证。为此，下面给出 Poisson 过程的另一种定义。

【定义 3-2】 （齐次 Poisson 过程）设$\{N(t),t\geqslant 0\}$为计数过程，满足下面条件：

(1) $N(0)=0$；

(2) $\{N(t),t\geqslant 0\}$为平稳独立增量过程；

(3) $P(N(t+h)-N(t)=1)=\lambda h+o(h),h>0$； (3-3)

(4) $P(N(t+h)-N(t)\geqslant 2)=o(h),h>0$； (3-4)

则称计数过程$\{N(t),t\geqslant 0\}$为齐次 Poisson 过程。

式(3-3)和式(3-4)中$o(h)$表示h的高阶无穷小，且意味着在充分小的时间间隔内，最多有一个事件发生，而不能有两个或两个以上事件同时发生。

【定理 3-1】 定义 3-1 和定义 3-2 是等价的。

证明:先证明定义 3-1 蕴含着定义 3-2。

由定义 3-1 可知,定义 3-2 中条件(1)和(2)显然成立。下面仅需证明定义 3-2 中条件(3)和(4)。

$$P(N(t+h)-N(t)\geqslant 2)$$
$$=\sum_{k=2}^{+\infty}\frac{(\lambda h)^k}{k!}e^{-\lambda h}$$
$$=e^{-\lambda h}(\lambda h)^2\sum_{k=2}^{+\infty}\frac{(\lambda h)^{k-2}}{k!}$$
$$\leqslant e^{-\lambda h}(\lambda h)^2\sum_{k=2}^{+\infty}\frac{(\lambda h)^{k-2}}{(k-2)!}$$
$$=e^{-\lambda h}(\lambda h)^2\sum_{m=0}^{+\infty}\frac{(\lambda h)^m}{m!}$$
$$=(\lambda h)^2$$

从而,$0\leqslant\dfrac{P(N(t+h)-N(t)\geqslant 2)}{h}\leqslant\lambda^2 h$。因此,$P(N(t+h)-N(t)\geqslant 2)=o(h)$。

$$P(N(t+h)-N(t)=1)=P(N(h)-N(0)=1)$$
$$=e^{-\lambda h}\frac{\lambda h}{1!}=\lambda h\sum_{n=0}^{+\infty}\frac{(-\lambda h)^n}{n!}$$
$$=\lambda h[1-\lambda h+o(h)]$$
$$=\lambda h+o(h)$$

下面证明定义 3-2 蕴含着定义 3-1。

设 $P_n(t)=P(N(t)=n)=P(N(t)-N(0)=n)$,由定义 3-2 可得:

$$P_0(t+h)=P(N(t+h)=0)$$
$$=P(N(t+h)-N(0)=0)$$
$$=P(N(t)-N(0)=0,N(t+h)-N(t)=0)$$
$$=P(N(t)-N(0)=0)P(N(t+h)-N(t)=0)$$
$$=P_0(t)[1-\lambda h+o(h)]$$

进而可得

$$\frac{P_0(t+h)-P_0(t)}{h}=-\lambda P_0(t)+\frac{o(h)}{h}$$

当 $h\to 0$ 时,有 $P_0'(t)=-\lambda P_0(t)$ 或 $\frac{P_0'(t)}{P_0(t)}=-\lambda$。从而 $P_0(t)=Ce^{-\lambda t}$。由于 $P_0(0)=P(X(0)=0)=1$,于是有 $P_0(t)=e^{-\lambda t}$。

类似地,当 $n\geqslant 1$ 时,

$P_n(t+h)=P(N(t+h)=n)$
$=P(N(t)=n,N(t+h)-N(t)=0)+P(N(t)=n-1,N(t+h)-N(t)=1)+$
$\quad P(N(t+h)=n,N(t+h)-N(t)\geqslant 2)$
$=P_n(t)P_0(h)+P_{n-1}(t)P_1(h)+o(h)$
$=(1-\lambda h)P_n(t)+\lambda h P_{n-1}(t)+o(h)$

于是

$$\frac{P_n(t+h)-P_n(t)}{h}=-\lambda P_n(t)+\lambda P_{n-1}(t)+\frac{o(h)}{h}$$

当 $h\to 0$ 时,

$$P_n'(t)=-\lambda P_n(t)+\lambda P_{n-1}(t)$$

$$e^{\lambda t}[P_n'(t)+\lambda P_n(t)]=\lambda e^{\lambda t}P_{n-1}(t)$$

$$\frac{d}{dt}[e^{\lambda t}P_n(t)]=\lambda e^{\lambda t}P_{n-1}(t)$$

当 $n=1$ 时,

$$\frac{d}{dt}[e^{\lambda t}P_1(t)]=\lambda e^{\lambda t}P_0(t)=\lambda e^{\lambda t}e^{-\lambda t}=\lambda$$

$$P_1(t)=(\lambda t+C)e^{-\lambda t}$$

由于 $P_1(0)=P(X(0)=1)=0$,于是 $C=0$,$P_1(t)=\lambda t e^{-\lambda t}$。

下面采用数学归纳法证明:

$$P_n(t)=e^{-\lambda t}\frac{(\lambda t)^n}{n!}$$

当 $n=0, n=1$ 时，上式结论已成立。假设 $n-1$ 时，结论成立，由递推公式可得

$$\frac{\mathrm{d}}{\mathrm{d}t}[\mathrm{e}^{\lambda t}P_n(t)] = \lambda \mathrm{e}^{\lambda t}P_{n-1}(t) = \lambda \mathrm{e}^{\lambda t}\mathrm{e}^{-\lambda t}\frac{(\lambda t)^{n-1}}{(n-1)!} = \frac{\lambda(\lambda t)^{n-1}}{(n-1)!}$$

积分可得

$$\mathrm{e}^{\lambda t}P_n(t) = \frac{(\lambda t)^n}{n!} + C$$

由于 $P_n(0) = P(X(0) = n) = 0$，因此

$$P_n(t) = \mathrm{e}^{-\lambda t}\frac{(\lambda t)^n}{n!}$$

于是

$$P(N(t+s) - N(s) = n) = \mathrm{e}^{-\lambda t}\frac{(\lambda t)^n}{n!}, \ n = 0, 1, 2, \cdots$$

【例 3-1】 设 $\{N(t), t \geqslant 0\}$ 为参数 $\lambda = 2$ 的 Poisson 过程，求 $P(N(20) - N(18) = 2)$。

解： $P(N(20) - N(18) = 2) = P(N(2) = 2)$
$$= \frac{(2 \times 2)^2}{2!}\mathrm{e}^{-2 \times 2}$$
$$\approx 14.66\%$$

3.3 | Poisson 过程的基本性质

3.3.1 Poisson 过程的数字特征

根据 Poisson 过程的定义，易知其相关数字特征如下：

(1) 均值函数：$m_N(t) = \lambda t$。

(2) 方差函数：$D_N(t) = \lambda t$。

(3) 相关函数：$R_N(s, t) = E[N(s)N(t)] = \lambda \min\{s, t\} + \lambda^2 st$。

(4) 协方差函数：$C_N(s,t) = E[N(s)N(t)] - E[N(s)]E[N(t)] = \lambda \cdot \min\{s,t\}$。

3.3.2 时间间隔和等待时间的分布

设 $W_n(n \geq 0, W_0 = 0)$ 表示 Poisson 过程中事件第 n 次出现的时刻，称 $\{W_n\}$ 为该 Poisson 过程的等待或到达时间序列。T_{n+1} 表示事件第 n 次出现与第 $(n+1)$ 次出现的时间间隔，称 $\{T_n\}$ 为 Poisson 过程的时间间隔序列。显然等待时间和时间间隔为随机变量，下面分析它们的概率分布。

【定理 3-2】 设 $\{N(t), t \geq 0\}$ 为具有参数 λ 的 Poisson 过程，$\{T_n, n \geq 1\}$ 是对应的时间间隔序列，则随机变量序列 $\{T_n, n \geq 1\}$ 是独立同指数分布的，且均值为 $\frac{1}{\lambda}$。

证明： 注意到事件 $\{T_1 > t\}$ 出现，当且仅当在区间 $[0, t]$ 内没有事件出现，于是

$$P(T_1 > t) = P(N(t) = 0) = e^{-\lambda t}$$

从而，$F_{T_1}(t) = 1 - P(T_1 > t) = 1 - e^{-\lambda t}$。因此，$T_1$ 服从均值为 $\frac{1}{\lambda}$ 的指数分布。由 Poisson 过程的平稳独立增量性，可知

$$P(T_2 > t | T_1 = t_1) = P(在 (t_1, t_1 + t] 内事件不出现 | T_1 = t_1)$$
$$= P(N(t_1 + t) - N(t_1) = 0)$$
$$= e^{-\lambda t}$$

因此，T_2 与 T_1 相互独立，而且服从均值为 $\frac{1}{\lambda}$ 的指数分布。一般地，对任意的 $n > 1$ 和 $t, t_1, t_2, \cdots, t_{n-1} \geq 0$，有

$$P(T_n > t | T_i = t_i, 1 \leq i \leq n-1) = P(N(t_1 + t_2 + \cdots + t_{n-1} + t) -$$
$$N(t_1 + t_2 + \cdots + t_{n-1}) = 0 | T_i = t_i, 1 \leq i \leq n-1)$$
$$= P(N(t) = 0) = e^{-\lambda t}$$

显然，T_n 与 $T_i(i=1,2,\cdots,n-1)$ 相互独立，而且服从均值为 $\dfrac{1}{\lambda}$ 的指数分布。

平稳独立增量的假定等价于在概率意义上过程在任何时刻都重新开始，即从任何时刻其过程独立于先前已发生的一切（独立增量），且有与原过程完全一样的分布（平稳增量），即过程无记忆，因此 Poisson 过程的间隔服从指数分布是意料之中的。

【定理 3-3】 设 $\{W_n,n\geqslant 1\}$ 为 Poisson 过程 $\{N(t),t\geqslant 0\}$ 的等待时间序列，则 W_n 服从 Erlang 分布。

证明：显然 $W_n=\sum\limits_{i=1}^{n}T_i$，由于事件 $\{W_n\leqslant t\}$ 出现，当且仅当在区间 $[0,t]$ 内事件至少出现 n 次，于是

$$P(W_n\leqslant t)=P(N(t)\geqslant n)=\sum_{k=n}^{+\infty}\frac{(\lambda t)^k}{k!}\mathrm{e}^{-\lambda t}$$

两边对 t 求导，可得 W_n 的密度函数

$$f_{W_n}(t)=\sum_{k=n}^{+\infty}\frac{\lambda(\lambda t)^{k-1}}{(k-1)!}\mathrm{e}^{-\lambda t}-\sum_{k=n}^{+\infty}\frac{\lambda(\lambda t)^k}{k!}\mathrm{e}^{-\lambda t}=\lambda\mathrm{e}^{-\lambda t}\frac{(\lambda t)^{n-1}}{(n-1)!}$$

事实上，根据前面指数分布的性质，上述定理 3-3 显然是成立的。

3.3.3 到达时间的条件分布

【定理 3-4】 设 $\{N(t),t\geqslant 0\}$ 为 Poisson 过程，已知在区间 $[0,t]$ 内事件已经出现一次，则这一事件到达时间 W_1 服从均匀分布。

证明：
$$\begin{aligned}P(W_1\leqslant s\mid N(t)=1)&=\frac{P(W_1\leqslant s,N(t)=1)}{P(N(t)=1)}\\&=\frac{P(N(s)=1,N(t)-N(s)=0)}{P(N(t)=1)}\\&=\frac{P(N(s)=1)\cdot P(N(t)-N(s)=0)}{P(N(t)=1)}\\&=\frac{\lambda s\mathrm{e}^{-\lambda s}\cdot\mathrm{e}^{-\lambda(t-s)}}{\lambda t\mathrm{e}^{-\lambda t}}=\frac{s}{t}\end{aligned}$$

【例 3-2】 设 $\{N(t), t \geq 0\}$ 为 Poisson 过程,已知在区间 $[0,t]$ 内事件已经出现 n 次,且 $0<s<t$,对于 $0<k<n$,求 $P(N(s)=k \mid N(t)=n)$。

解:
$$P(N(s)=k \mid N(t)=n) = \frac{P(N(s)=k, N(t)=n)}{P(N(t)=n)}$$

$$= \frac{P(N(s)=k, N(t)-N(s)=n-k)}{P(N(t)=n)}$$

$$= \frac{P(N(s)=k) \cdot P(N(t)-N(s)=n-k)}{P(N(t)=n)}$$

$$= \frac{\dfrac{(\lambda s)^k}{k!}e^{-\lambda s} \cdot \dfrac{[\lambda(t-s)]^{n-k}}{(n-k)!}e^{-\lambda(t-s)}}{\dfrac{(\lambda t)^n}{n!}e^{-\lambda t}}$$

$$= C_n^k \left(\frac{s}{t}\right)^k \left(1-\frac{s}{t}\right)^{n-k}$$

3.4 | Poisson 过程的扩展

前面介绍的 Poisson 过程是一种特殊的齐次 Poisson 过程,但在现实应用中需要对其进行扩展。具有代表性的扩展有两类:非齐次 Poisson 过程和复合 Poisson 过程。

3.4.1 非齐次 Poisson 过程

设 $\{X(t), t \in T\}$ 为随机过程,如果对任意的 $t, t+\tau \in T$,增量 $X(t+\tau) - X(t)$ 的概率分布只依赖于 τ 而与 t 无关,则称随机过程 $\{X(t), t \in T\}$ 为齐次的或时齐的。由 Poisson 过程的定义 3-1 可知,前面讨论的 Poisson 过程是齐次的。在齐次 Poisson 过程中,单位时间内事件出现的强度 λ 是常数。而现实中,很多随机过程的事件发生的强度是随着时间变化的,即 λ 是关于时间 t 的函数。针对此,引出了非齐次 Poisson 过程的概念。

【定义 3-3】 设 $\{N(t), t \geq 0\}$ 为计数过程,满足下面条件:

(1) $N(0)=0$；

(2) $N(t)$为独立增量过程；

(3) $P(N(t+h)-N(t)=1)=\lambda(t)h+o(h), h>0$；

(4) $P(N(t+h)-N(t)\geqslant 2)=o(h), h>0$；

则称计数过程$\{N(t), t\geqslant 0\}$为非齐次 Poisson 过程。

【定理 3-5】 设$\{N(t), t\geqslant 0\}$为具有均值函数 $m_N(t)=\int_0^t \lambda(s)\mathrm{d}s$ 的非齐次 Poisson 过程，则有

$$P(N(t+s)-N(s)=n)=\frac{[m_N(t+s)-m_N(s)]^n}{n!}\mathrm{e}^{-[m_N(t+s)-m_N(s)]}$$

类似于定理 3-1 的证明，稍加修改可获得上述定理的证明，在此不具体展开。

注意：非齐次 Poisson 过程的均值函数与方差函数为 $m_N(t)=D_N(t)=\int_0^t \lambda(s)\mathrm{d}s$。

【例 3-3】 设$\{N(t), t\geqslant 0\}$为强度$\lambda(t)=\frac{1}{2}(1+\cos\omega t)(\omega\neq 0)$的非齐次 Poisson 过程，试求其均值函数与方差函数。

解：
$$m_N(t)=D_N(t)=\int_0^t \frac{1}{2}(1+\cos\omega s)\mathrm{d}s$$

$$=\frac{1}{2}\left(s+\frac{1}{\omega}\sin\omega s\right)\bigg|_0^t$$

$$=\frac{1}{2}\left(t+\frac{1}{\omega}\sin\omega t\right)$$

3.4.2 复合 Poisson 过程

设$N(t)$为在时间段$(0,t]$内某商店的顾客人数，$\{N(t), t\geqslant 0\}$为 Poisson 过程。$Y(k)$为第k个顾客在商店的消费额度，$\{Y(k), k=1,2,\cdots\}$是独立同分布的随机变量序列，且与$\{N(t), t\geqslant 0\}$独立。记$X(t)$为在时间

段$(0,t]$内商店的营业额,则$X(t) = \sum_{k=1}^{N(t)} Y(k)$,其实际上是一个复合 Poisson 过程。

【定义 3-4】 设$\{N(t), t \geq 0\}$为 Poisson 过程,$\{Y(k), k=1,2,\cdots\}$是独立同分布的随机变量序列,且与$\{N(t), t \geq 0\}$独立,令

$$X(t) = \sum_{k=1}^{N(t)} Y(k), t \geq 0$$

则称$\{X(t), t \geq 0\}$为复合 Poisson 过程。

复合 Poisson 过程由一列随机变量$\{Y(k), k=1,2,\cdots\}$的和构成,当$Y(k)=1 (k=1,2,\cdots)$时,复合 Poisson 过程即为通常的 Poisson 过程。复合 Poisson 过程的定义要求分析具体问题时,先要确定一个 Poisson 过程与一个随机变量序列,然后要验证随机变量序列独立同分布性质,以及随机变量序列与 Poisson 过程的独立性。只有在这些条件都具备后,方可采用复合 Poisson 过程进行处理。

【定理 3-6】 $\{X(t), t \geq 0\}$为复合 Poisson 过程,则其具有下列性质:

(1) $\{X(t), t \geq 0\}$是独立增量过程;

(2) 若$E(Y_1) = \mu, D(Y_1) = \sigma^2$,则$m_X(t) = \lambda t \mu, D_X(t) = \lambda t (\mu^2 + \sigma^2)$。

证明:(1) 令$0 \leq t_0 < t_1 < \cdots < t_m$,则

$$X(t_0) = \sum_{k=1}^{N(t_0)} Y(k), X(t_l) - X(t_{l-1}) = \sum_{k=N(t_{l-1})+1}^{N(t_l)} Y(k), l=1,2,\cdots,m$$

由$\{N(t), t \geq 0\}$与$\{Y(k), k=1,2,\cdots\}$相互独立,以及 Poisson 过程的独立增量性和$\{Y(k), k=1,2,\cdots\}$是独立同分布的随机变量序列,易知$\{X(t), t \geq 0\}$是独立增量过程。

(2) $$m_X(t) = \sum_{n=0}^{+\infty} E[X(t) | N(t) = n] P(N(t) = n)$$
$$= \sum_{n=0}^{+\infty} n\mu \frac{(\lambda t)^n}{n!} e^{-\lambda t}$$

$$=\mu\lambda t e^{-\lambda t}\sum_{n=1}^{+\infty}\frac{(\lambda t)^{n-1}}{(n-1)!}$$

$$=\mu\lambda t e^{-\lambda t}\sum_{n=0}^{+\infty}\frac{(\lambda t)^{n}}{n!}$$

$$=\mu\lambda t$$

$$D_X(t)=\sum_{n=0}^{+\infty}E[X^2(t)|N(t)=n]P(N(t)=n)-(\mu\lambda t)^2$$

$$=\sum_{n=0}^{+\infty}(n^2\mu^2+n\sigma^2)P(N(t)=n)-(\mu\lambda t)^2$$

$$=\mu^2\sum_{n=0}^{+\infty}n^2 P(N(t)=n)+\sigma^2\sum_{n=0}^{+\infty}nP(N(t)=n)-(\mu\lambda t)^2$$

$$=\mu^2 E[N^2(t)]+\sigma^2 E[N(t)]-(\mu\lambda t)^2$$

$$=\mu^2(\lambda^2 t^2+\lambda t)+\sigma^2\lambda t-(\mu\lambda t)^2$$

$$=\lambda t(\mu^2+\sigma^2)$$

3.5 信用风险简约化模型

信用风险是指交易对手无法按时偿还债务的风险，也称违约风险。几乎所有的金融交易当中都或多或少地存在着信用风险，市场的参与者如银行、保险公司、基金公司、券商等都承担并管理信用风险。现代信用风险理论模型是以金融理论为基础，主要研究违约概率，主要的模型有结构化模型和简约化模型。简约化模型也称违约强度模型，是由Jarrow和Turnbull提出的，后续学者们对其进行了系列扩展研究。简约化模型并不考虑导致交易对手违约背后复杂的经济学因素，而是把违约事件的发生看作是不可预测的，模型刻画的是违约事件本身的统计特性。简约化模型的假设前提较少，能够更有效地为信用产品定价。瑞士信贷银行开发的Credit Risk+模型便是以简约化模型为基本原理的。下面介绍基于

Poisson 过程的信用风险简约化模型,对于结构化模型将在第 5 章进行介绍。

在简约化模型中具有如下情景假设:(1) 违约被视为不可预测的外生因素,遵循 Poisson 分布的跳跃过程。当跳跃没发生时,认为公司具有偿债能力;当跳跃发生时,认为公司债务将发生违约。(2) 假设可能发生多次违约,即公司债务在存续期间会发生多次违约,每次违约都会引起一个固定比例的损失。

在简约化模型中,违约事件被认为是一个外部事件。最简单的是假设违约事件服从参数为 λ 的齐次 Poisson 过程 $\{N(t), t \geqslant 0\}$,$N(t)$ 表示在时间段 $[0, t]$ 内累计出现的违约次数,我们只关心第一次违约事件发生的时间 τ。

根据齐次 Poisson 过程的假设,在时间段 $(s, t]$,出现 k 次违约的概率为:

$$P(N(t) - N(s) = k) = \frac{[\lambda(t-s)]^k}{k!} e^{-\lambda(t-s)}$$

令 $F(t)$ 与 $S(t)$ 分别表示违约分布函数和生存函数,具体表达式如下:

$$F(t) = P(\tau \leqslant t) = 1 - P(\tau > t) = 1 - P(N(t) = 0) = 1 - e^{-\lambda t}$$

$$S(t) = P(\tau > t) = P(N(t) = 0) = e^{-\lambda t}$$

进一步可得:

$$\lim_{\Delta t \to 0} \frac{P(\tau \leqslant t + \Delta t \mid \tau > t)}{\Delta t} = \lim_{\Delta t \to 0} \frac{P(\tau \leqslant t + \Delta t, \tau > t)}{\Delta t P(\tau > t)} = \lim_{\Delta t \to 0} \frac{F(t + \Delta t) - F(t)}{\Delta t S(t)} = \lambda$$

由上式可知,参数 λ 表示在某时间点的瞬时违约概率。于是在 t 时刻不违约的情况下,在 $(t + \Delta t)$ 时刻发生违约的条件概率为:

$$P(\tau \leqslant t + \Delta t \mid \tau > t) \approx \lambda \Delta t$$

在齐次 Poisson 过程中参数 λ 是固定常数,假定违约强度在整个时期都是不变的,通常令人难以置信。因此,对齐次 Poisson 过程的一个简单的改进就是允许违约强度随时间而变化。例如,假设在第 1 时期(如一年)的违约强度为常数 λ_1,在第 1 时期不违约的条件下第 2 时期的违约强度为常数 λ_2,则在两个时期内不违约的概率为:

$$P(\tau>2)=P(\tau>1)P(\tau>2|\tau>1)=e^{-\lambda_1}e^{-\lambda_2}=e^{-(\lambda_1+\lambda_2)}$$

更一般地,可假设违约强度是一个确定性的连续变量,此时违约事件是一个非齐次 Poisson 过程。在非齐次 Poisson 过程下分析违约概率,可得生存函数与违约分布函数分别为:

$$S(t) = P(\tau > t) = e^{-\int_0^t \lambda(s)ds}$$

$$F(t) = P(\tau \leqslant t) = 1 - e^{-\int_0^t \lambda(s)ds}$$

更加普遍的是,随着时间的流逝,人们可能获得新的信息,除了简单的不违约信息之外,还包括经济主体的信用质量。当这些附加信息到达的时候,违约强度一般会随机变化。因此,可以假定违约强度随某个基本状态变量或驱动因素而变化,如信用评级或发行人的股票价格,或者随着商业周期而变化。在此情景下,一般假设违约强度是一个随机过程。例如,假设强度会在每年年初随着新信息而更新,而且在这一年内保持不变。已知到 $(t-1)$ 时刻没有违约,并给定所有其他的在 $(t-1)$ 时刻已有的信息,那么到 t 时刻没有违约的概率为 $P(\tau>t|\tau>t-1)=e^{-\lambda(t)}$。注意到,在 $(t-1)$ 时刻之前,$P(\tau>t|\tau>t-1)$ 并不是已知的,因为第 t 年的违约强度 $\lambda(t)$ 要以 $(t-1)$ 时刻公布的信息为基础。

下面采用一个两年期的简单例子进行说明。假设公司在第一年没有违约,第二年的违约强度不确定,有两种可能 $\lambda(2,H)$ 与 $\lambda(2,L)$,相应的条件概率分别为 q 与 $1-q$。于是,该公司在第一年没有违约的条件下,在第二年末仍没有违约的概率为 $qe^{-\lambda(2,H)}+(1-q)e^{-\lambda(2,L)}$,即 $E[e^{-\lambda(2)}]$。在第二年末公司没有违约的概率为:

$$P(\tau>2)=P(\tau>1)P(\tau>2|\tau>1)=e^{-\lambda(1)}E[e^{-\lambda(2)}]=E[e^{-[\lambda(1)+\lambda(2)]}]$$

更一般地,可假设强度是连续随机变化的,此时违约是双重随机模型。在此情景下,以强度路径$\{\lambda(t), t \geq 0\}$给定的信息为条件,违约将按照 Poisson 过程以随时间变化的强度到达。于是生存函数为:

$$S(t) = P(\tau > t \mid \{\lambda(s); 0 \leq s \leq t\}) = E[e^{-\int_0^t \lambda(s) ds}] \quad (3-5)$$

而相应的违约分布函数为:

$$F(t) = 1 - E[e^{-\int_0^t \lambda(s) ds}]$$

双重随机来源于两个方面的不确定:一是违约强度的随机变化;二是以违约强度过程路径为条件,违约的到达像 Poisson 过程一样,强度随时间变化。注意到,没有双重随机的假设,式(3-5)可能不成立(具体原因可参见文献[25])。因此,除非有其他特别的规定,应该在双重随机假设下进行。

3.6 | 信用债券定价模型

3.6.1 实际概率与风险中性概率

所谓的风险中性概率,是指这样的概率估计:证券的市场价值等于现金流折现价值的期望值,其中折现按短期利率复利计算。根据鞅理论,我们知道在无套利条件下,风险中性概率总是存在的,而且在市场完全条件下,存在唯一的风险中性概率。当金融市场不完全时,实际上存在多个可供选择的风险中性概率。然而不论是在完全市场中还是在不完全市场中,风险中性概率通常不能用来评估一个模型对历史数据的拟合程度,因为历史价格反映的是实际概率。下面通过一个例子解释风险中性概率与实际概率之间的区别。

【例3-4】 假设为一种 1 年期的平价债券(价格等于面值)定价,面值为 100 元,承诺到期按面值支付并支付 8% 的利息,1 年期的无风险利率为 6%。如果发行者没有违约,投资者在到期日可以获得 108 元,而且这一事件发生的实际概率为 0.99。如果发行者在到期日前违约,假定投资可以收回 50 元,显然此事件的实际概率为 0.01。试求该债券违约或不违约的风险中性概率。

解:根据风险中性概率的定义,可知该债券不违约的风险中性概率 p^* 满足:

$$100 = \frac{1}{1+6\%}[p^* \times 108 + (1-p^*) \times 50]$$

从而可知,在风险中性概率下该债券不违约的概率 $p^* = 0.965$,相应的违约概率为 0.035。

3.6.2 简约定价模型

基于信用风险简约化模型,下面讨论零息债券简约定价模型。设某一零息信用债券面值为 B,期限为 T。发行者在到期日之间可能违约,导致投资者获得支付金额是不确定的。假设在到期日前发行者不违约,则投资者在到期日可以获得票面价值 B;假设在到期日前发行者违约,则投资者可从发行者获得 W。设发行者违约时间为 τ,$1_{\{\tau>t\}}$ 表示事件:如果发行者在时间 t 之前没有违约,即 $\tau > t$,则其值为 1;反之,发行者在时间 t 之前违约,即 $\tau \leqslant t$,则其值为 0。设无风险利率为常数 r,则此零息信用债券在 t 时刻的价格 $d(t,T)$ 等于:

$$d(t,T) = E_t^* [e^{-r(T-t)} (B1_{\{\tau>T\}} + W1_{\{\tau \leqslant T\}})] \quad (3-6)$$

式中,E_t^* 表示以 t 时刻可获得信息为条件的风险中性期望。进一步,在信用债券违约零回收($W=0$)时,零息信用债券在 t 时刻的价格为:

$$d(t,T) = Be^{-r(T-t)} E_t^* (1_{\{\tau>T\}}) \quad (3-7)$$

设实际概率测度下违约强度为 λ,风险中性概率测度下违约强度为 λ^*。关于已知风险中性概率和实际违约强度 λ 时的风险中性违约强度 λ^* 的存在性,可参见文献[1]。一般而言,当新的信息进入市场时,风险中性违约强度过程$\{\lambda^*(t),t\geqslant 0\}$可能在整个时期内随机变化,而且其水平和随机行为不必与实际违约强度过程保持某种简单的关系。如果可获得的历史观测值是以λ为基础的,那么为了定价该如何确定λ^*?一方面,可以从信用债券的市场价格推断出λ^*;另一方面,可以明确λ和λ^*之间的变换方程。

进一步,信用债券的价格为:

$$d(t,T)=Be^{-r(T-t)}E_t^*\left[e^{-\int_t^T\lambda^*(s)ds}\right] \quad (3-8)$$

更一般地,若上式中利率r不是固定常数,而是随机变化的,则有:

$$d(t,T)=BE_t^*\left[e^{-\int_t^T[r(s)+\lambda^*(s)]ds}\right] \quad (3-9)$$

对于式(3-9)的直觉性理解如下:以r和λ^*的路径为条件,风险中性生存概率是$e^{-\int_t^T\lambda^*(s)ds}$,利率的折现因子为$e^{-\int_t^T r(s)ds}$。因而,给定$r$和$\lambda^*$的路径,折现后的期望现金流是$Be^{-\int_t^T[r(s)+\lambda^*(s)]ds}$。

现在我们以r和λ^*的可能路径计算期望值[式(3-9)],从而获得债券的价格。所有这些债券都是关于风险中性概率的,而且是以双重随机违约模型假设为基础的。假定实际概率下是双重随机违约模型,风险中性概率下的违约并不一定也是双重随机的。在这种情况下,双重随机假设是指,以确定风险中性违约强度过程$\{\lambda^*(t),t\geqslant 0\}$和短期无违约利率过程所必需的所有信息为条件,违约在风险中性Poisson过程第一次到达时发生,它的有条件确定性的强度过程是$\{\lambda^*(t),t\geqslant 0\}$。

3.7 资产价格跳跃模型

资产价格通常受两种不同性质的事件的影响:一是正常事件,在这类事件的影响下,资产价格在一个微小的时段上只发生微小的变化,从而价格变化过程的路径是连续的;二是偶发事件,在这类事件的影响下,资产价格可能会在瞬间出现大幅度跳跃,留下间断的轨迹。

第3章 Poisson过程及其在金融中的应用

在"正常"情况下,当时段长度 h 逐渐变小时,资产价格预测外的波动幅度应当逐渐变小。当时段长度 h 趋于零时,资产价格预测外的波动幅度也趋于零。即使在一个无穷小的时段上,正常情况下我们也不会期望资产价格不发生波动,价格变化的概率在 h 趋于零时是一个正值。如果以 x 表示一个随机事件引起资产价格变化的幅度,p 表示这个事件发生的概率,那么正常事件可以由下面的特征进行刻画:

若 $h \to 0$,则 $x \to 0, p \to p^* > 0$

下面通过现实中发生的偶发事件来说明其特征,如 1987 年 10 月纽约证券交易所发生的股灾。一方面,它发生的概率在不同长度的观察时段上是不同的:时间越长,发生这种股灾的概率越大。如今天发生一次股价暴跌的机会比今年内发生一次股价暴跌的机会要小得多,而未来 1 min 内发生股价暴跌的机会更是微乎其微。另一方面,股灾一旦发生,价格的变化幅度是很大的。因此,偶发事件的特征恰好与正常事件的特征相反,具体如下:

若 $h \to 0$,则 $x \to x^* > 0, p \to 0$

一般情况下,一系列正常事件支配着资产价格,使其按照连续的路径行进。但是金融市场会因为这样或那样的原因发生突然暴涨或暴跌,价格会在瞬间脱离原有的行进轨迹,这便是偶发事件的影响。对于正常事件我们可以通过 Brown 运动建模,而对于偶发事件我们可以先单独对其建模,然后将其叠加到正常事件过程上。

假设偶发事件在之前都是无法预测的,而且任何两次偶发事件之间是相互独立的,到 t 时刻为止偶发事件发生的总数记为 $N(t)$。考虑在时段 $[t, t+dt]$ 内偶发事件发生的可能性,其中 dt 表示一个无穷小的时段。根据偶发事件的特征,在时段 $[t, t+dt]$ 上至多发生一次偶发事件,从而假设

$$dN(t) = \begin{cases} 1, & (\lambda dt) \\ 0, & (1-\lambda dt) \end{cases}$$

式中,括号内为相应值发生的概率。$dN(t)=1$ 表示在时段 $[t,t+dt]$ 内发生了一次偶发事件,相应的概率为 λdt;$dN(t)=0$ 表示在时段 $[t,t+dt]$ 内没发生偶发事件,相应的概率为 $1-\lambda dt$。可见,对于偶发事件可以采用 Poisson 过程进行刻画。我们考虑采用齐次 Poisson 过程刻画偶发事件的理由在于,齐次 Poisson 过程作为一个特定事件的计数过程,是唯一一种满足以下条件的随机过程。

(1) 如果时段很小,几乎可以排除事件发生两次及两次以上的可能性。事实上,

$$\lim_{h\to 0}P(N(t+h)-N(t)\geqslant 2)=0$$

(2) 到时刻 t 为止的信息对预测 $(t,t+h]$ 上是否会发生事件毫无帮助。

(3) 事件发生率为常数 λ。

Poisson 过程本身并不符合偶发事件下资产价格跳跃性波动的全部特征。首先,在现实世界中资产价格跳跃的发生率可能是随时间推移而变化的,而不是一个固定的常数。其次,$E(dN(t))=\lambda dt$,而根据偶发事件的特征知,此项期望应当为零。对于第二个问题,可以考虑如下的新的随机过程:

$$J(t)=N(t)-\lambda t$$

$\{J(t)\}$ 被称为补偿 Poisson 过程。注意到,其具有如下性质:

$$E[dJ(t)]=0;D_{dJ(t)}(t)=\lambda t$$

而对于第一个问题,则可在 $J(t)$ 前乘一个依赖于资产价格 $S(t)$ 和时间 t 的系数来解决,从而可得到如下的偶发事件扰动下的资产价格行为模型:

$$\{\sigma(S(t),t)J(t),t\geqslant 0\}$$

习题 3

1. 假设顾客在银行的时间服从均值为 10 min 的指数分布,试求:

(1) 一个顾客在此银行用时超过 15 min 的概率;

(2) 若一个顾客 10 min 后仍在银行,则他在银行用时超过 15 min 的概率是多少?

2. 设 $\{N(t),t\geqslant 0\}$ 是服从参数为 λ 的齐次 Poisson 过程,当 $t_2>t_1>0$ 时,对任意的正整数 m,n,试求 $P(N(t_1)=m,N(t_2)=m+n)$。

3. 设 $\{N_1(t),t\geqslant 0\}$ 和 $\{N_2(t),t\geqslant 0\}$ 是两个参数为 λ_1 和 λ_2 的齐次 Poisson 过程,试证明:$\{N_1(t)+N_2(t),t\geqslant 0\}$ 是具有参数 $(\lambda_1+\lambda_2)$ 的齐次 Poisson 过程。

4. 设 $\{N_1(t),t\geqslant 0\}$ 和 $\{N_2(t),t\geqslant 0\}$ 是两个独立的齐次 Poisson 过程,参数分别为 λ_1 和 λ_2,令 $X(t)=N_2(t)-N_1(t),t\geqslant 0$,试求 $E[X(t)]$ 与 $E[X^2(t)]$。

5. 设 $\{N(t),t\geqslant 0\}$ 是服从参数为 λ 的齐次 Poisson 过程,试求:

(1) $P(N(12)=9|N(5)=4)$;

(2) $E[N(10)|N(5)=4]$。

6. 设保险公司的人寿保险单持有者在 t_i 时刻死亡,其获得的保险金为 D_i,其中 $\{D_i\}$ 是独立同分布的随机序列,服从 $[10\,000,20\,000]$ 上的均匀分布。若在 $[0,t]$ 内死亡人数 $N(t)$ 为强度 $\lambda=5$ 的齐次 Poisson 过程,并与 $\{D_i\}$ 独立。试求保险公司在 $[0,t]$ 内将要支付的总保险金额的均值与方差。

7. 设在某交通路口自南向北行驶的车辆流服从参数为 λ 的齐次 Poisson 过程 $N(t)$:

(1) 若已观察到在 $(0,T]$ 内自南向北行驶的车辆为 n,试求 $(0,s]$ 内自南向北行驶的车辆为 k 的概率,其中 $0<s<T,0\leqslant k\leqslant n$;

(2) 求条件期望 $E[N(s)|N(T)=n]$。

8. 设某路公交车从 5 时到 21 时有车发出,乘客流量如下:5 时按平均乘客为 200 人/h 计算;5 时到 8 时乘客平均到达率线性增加,8 时达到率为 1 400 人/h；8 时到 18 时保持平均到达率不变；18 时至 21 时到达率从 1 400 人/h 线性下降,到 21 时为 200 人/h。假定乘客数在不重叠的时间间隔内是相互独立的,求 12 时到 14 时有 2 000 人来站乘车的概率,并求此 2 h 内来站乘车人数的期望值。

9. 设 $\{N(t), t \geq 0\}$ 是服从参数为 λ 的齐次 Poisson 过程,对任意的 $0 = t_0 < t_1 < \cdots < t_n$, $k_i (i=1,2,\cdots,n)$ 为正整数,且序列不减,试证明：

$$P(N(t_n) = k_n | N(t_{n-1}) = k_{n-1}, N(t_{n-2}) = k_{n-2}, \cdots,$$
$$N(t_1) = k_1) = P(N(t_n) = k_n | N(t_{n-1}) = k_{n-1})$$

第 4 章

Markov 链及其在金融中的应用

Markov 链是一类具有马氏性的随机过程,此类过程在"现在"的条件下"过去"与"将来"独立。本章主要介绍离散时间 Markov 链与连续时间 Markov 链的定义与相关性质,同时介绍 Markov 链在金融领域中一些典型的应用。

4.1 | 离散时间 Markov 链

4.1.1 Markov 链的定义与性质

【定义 4-1】 (离散时间 Markov 链)设 $\{X_t, t \in T\}$ 为随机过程,其中 $T = \{0, 1, 2, \cdots\}$,状态空间 $Z = \{0, 1, 2, \cdots\}$,若对任意时刻 n,任意状态 $i_0, i_1, \cdots, i_{n-1}, i, j$,有:

$$P(X_{n+1}=j | X_n=i, X_{n-1}=i_{n-1}, \cdots, X_0=i_0) = P(X_{n+1}=j | X_n=i) \tag{4-1}$$

则称随机过程 $\{X_t, t \in T\}$ 为离散时间 Markov 链,简记为 $\{X_n, n \geqslant 0\}$。

式(4-1)体现的是随机过程具有马氏性(无记忆性或无后效性),表明在已知"现在"($\{X_n=i\}$)的条件下,"过去"($\{X_k=i_k, k<n\}$)与"将来"($\{X_{n+1}=j\}$)是独立的。式(4-1)中条件概率 $P(X_{n+1}=j | X_n=i)$ 表示在时刻 n 过程处于状态 i 的条件下,在时刻 $(n+1)$ 过程处于状态 j 的概率,

通常称其为 Markov 链在 n 时刻的一步转移概率,简称转移概率,记为 $p_{ij}(n)$。一般地,转移概率 $p_{ij}(n)$ 不仅与状态 i 和 j 有关,而且与时刻 n 也有关。如果 Markov 链的转移概率 $p_{ij}(n)$ 与时刻 n 无关,则称此 Markov 链为齐次的。

在 Markov 链的研究中,往往需要研究从已知状态 i 出发,经过 n 次转移后,过程将处于状态 j 的概率。对于离散时间 Markov 链 $\{X_n, n \geqslant 0\}$,在时刻 m 过程从状态 i 出发,经过 n 步转移后处于状态 j 的概率为:

$$P(X_{n+m}=j \mid X_m=i), i,j \in \mathbf{Z} \qquad (4-2)$$

则称其为 m 时刻 Markov 链的 n 步转移概率,记为 $p_{ij}^{(n)}(m)$。若 $\{X_n, n \geqslant 0\}$ 为齐次 Markov 链,则 $p_{ij}^{(n)}(m)$ 与时刻 m 无关,将其简记为 $p_{ij}^{(n)}$。以后无特殊说明,我们讨论的 Markov 链均假定是齐次的。

对于 n 步转移概率 $p_{ij}^{(n)}$,我们称 $\boldsymbol{P}^{(n)} = (p_{ij}^{(n)})$ 为 Markov 链的 n 步转移概率矩阵,其中 $p_{ij}^{(n)} \geqslant 0$,$\sum_{j \in \mathbf{Z}} p_{ij}^{(n)} = 1$。当 $n=1$,$p_{ij}^{(1)} = p_{ij}$,此时一步转移概率矩阵 $\boldsymbol{P}^{(1)} = \boldsymbol{P}$。此外,我们约定

$$p_{ij}^{(0)} = \begin{cases} 1, & i=j, \\ 0, & i \neq j \end{cases}$$

【例 4-1】 设质点在数轴上移动,每次移动一个单位,向右移动的概率为 p,向左移动的概率为 q,原地不动的概率为 r。令 X_n 表示在 n 时刻质点的位置,则 $\{X_n, n \geqslant 0\}$ 是一个齐次 Markov 链,试写出它的一步转移概率。

解: 根据质点移动规则,易得一步转移概率如下:

$$p_{ij} = \begin{cases} p, & j=i+1, \\ q, & j=i-1, \\ r, & j=i, \\ 0, & \text{其他情况} \end{cases}$$

【例4-2】 设一质点在区间[1,5]上随机移动,状态空间为{1,2,3,4,5},每秒发生一次随机移动,移动的规则如下:

(1) 若移动前在2,3,4处,则均以概率1/3向左或向右移动一个单位,或停留在原处;

(2) 若移动前在1处,则以概率1移到2处;

(3) 若移动前在5处,则以概率1移到4处。

令 X_n 表示在 n 时刻质点的位置,则 $\{X_n, n \geqslant 0\}$ 是一个齐次 Markov 链,而且其一步转移概率矩阵如下:

$$\boldsymbol{P} = \begin{pmatrix} 0 & 1 & 0 & 0 & 0 \\ \frac{1}{3} & \frac{1}{3} & \frac{1}{3} & 0 & 0 \\ 0 & \frac{1}{3} & \frac{1}{3} & \frac{1}{3} & 0 \\ 0 & 0 & \frac{1}{3} & \frac{1}{3} & \frac{1}{3} \\ 0 & 0 & 0 & 1 & 0 \end{pmatrix}$$

【例4-3】 赌徒在一次赌博中,赢得1元的概率为0.4,输掉1元的概率为0.6。赌徒退出赌博的条件为:财富为0或者财富数额达到 N 元。假设随机变量 $X_n (n \geqslant 0)$ 表示赌徒在第 n 次赌博后的财富数量。

可见 X_{n+1} 只与 X_n 有关,而与之前的状态无关,于是 $\{X_n, n \geqslant 0\}$ 具有马氏性,为 Markov 链。第 $(n+1)$ 次赌博输赢的条件概率为:

$$P(X_{n+1} = i-1 | X_n = i) = 0.6$$

$$P(X_{n+1} = i+1 | X_n = i) = 0.4$$

进而可知该 Markov 链的转移概率为:

$$p_{i,i-1} = 0.6, p_{i,i+1} = 0.4, p_{0,0} = 1, p_{N,N} = 1$$

当 $N=5$ 时,该 Markov 链的转移概率矩阵如下:

$$P = \begin{pmatrix} 1 & 0 & 0 & 0 & 0 & 0 \\ 0.6 & 0 & 0.4 & 0 & 0 & 0 \\ 0 & 0.6 & 0 & 0.4 & 0 & 0 \\ 0 & 0 & 0.6 & 0 & 0.4 & 0 \\ 0 & 0 & 0 & 0.6 & 0 & 0.4 \\ 0 & 0 & 0 & 0 & 0 & 1 \end{pmatrix}$$

注意到，$p_{0,0}=1$，$p_{5,5}=1$。而此意味着当 Markov 链到达状态 0 或者 5 时，下一时刻仍然停留在原来的状态。此表明赌徒最终破产或者赢钱离开，其财富不再发生变化。这样的状态（0 和 5）称为 Markov 链的吸收状态。

【性质 4-1】 设 $\{X_n, n \geqslant 0\}$ 为 Markov 链，具有初始分布 $p_0(i) = P(X_0 = i)$，$i \in \mathbf{Z}$，对任意的 $i,j \in \mathbf{Z}$，$n \geqslant 0$，有

$$p_{ij}^{(n)} = \sum_{k \in \mathbf{Z}} p_{ik}^{(l)} p_{kj}^{(n-l)} \tag{4-3}$$

证明：
$$\begin{aligned} p_{ij}^{(n)} &= P(X_n = j \mid X_0 = i) \\ &= P(X_n = j, \bigcup_{k \in \mathbf{Z}} X_l = k \mid X_0 = i) \\ &= \sum_{k \in \mathbf{Z}} P(X_n = j, X_l = k \mid X_0 = i) \\ &= \sum_{k \in \mathbf{Z}} P(X_l = k \mid X_0 = i) P(X_n = j \mid X_0 = i, X_l = k) \\ &= \sum_{k \in \mathbf{Z}} P(X_l = k \mid X_0 = i) P(X_n = j \mid X_l = k) \\ &= \sum_{k \in \mathbf{Z}} p_{ik}^{(l)} p_{kj}^{(n-l)} \end{aligned}$$

式(4-3)是 Chapman-Kolmogorov 方程，简称 C-K 方程。C-K 方程表明，从状态 i 出发经过 n 步到达状态 j 的过程可分为两段：先从状态 i 出发经过 l 步到达状态 k，再由状态 k 出发经过 $n-l$ 步到达状态 j。由马氏性可知，后一阶段的状态转移与前一阶段的状态转移独立，故两个阶段的转移概率是相乘的关系，而经过 l 步所到达的状态 k 不受任何限制，因

此要对全部的 k 求和。由 C-K 方程，显然可得：

(1) n 步转移概率可用一步转移概率表示，$p_{ij}^{(n+1)} = \sum\limits_{k_1,\cdots,k_n \in \mathbf{Z}} p_{ik_1} p_{k_1 k_2} \cdots p_{k_n j}$。

(2) n 步转移概率矩阵与一步转移概率矩阵之间的关系：$\mathbf{P}^{(n)} = \mathbf{P}^n$。

(3) 在时刻 n 各状态的概率等于其初始状态的概率与 n 步转移概率矩阵之积：$P(X_n = j) = \sum\limits_{i \in \mathbf{Z}} p_0(i) p_{ij}^{(n)}$。

【性质 4-2】 设 $\{X_n, n \geq 0\}$ 为 Markov 链，则对任意的 $i_1, i_2, \cdots, i_n \in \mathbf{Z}$ 和 $n \geq 1$，有

$$P(X_1 = i_1, \cdots, X_n = i_n) = \sum_{i \in \mathbf{Z}} p_0(i) p_{ii_1} p_{i_1 i_2} \cdots p_{i_{n-1} i_n}$$

证明：由概率乘法公式和马氏性可知

$P(X_1 = i_1, \cdots, X_n = i_n)$

$= \sum\limits_{i \in \mathbf{Z}} P(X_0 = i, X_1 = i_1, \cdots, X_n = i_n)$

$= \sum\limits_{i \in \mathbf{Z}} P(X_0 = i) P(X_1 = i_1 | X_0 = i) \cdots P(X_n = i_n | X_0 = i, X_1 = i_1, \cdots, X_{n-1} = i_{n-1})$

$= \sum\limits_{i \in \mathbf{Z}} P(X_0 = i) P(X_1 = i_1 | X_0 = i) \cdots P(X_n = i_n | X_{n-1} = i_{n-1})$

$= \sum\limits_{i \in \mathbf{Z}} p_0(i) p_{ii_1} p_{i_1 i_2} \cdots p_{i_{n-1} i_n}$

显然，Markov 链完全由其初始状态的概率分布和其一步转移概率矩阵所决定。

【例 4-4】 设 Markov 链 $\{X_n, n \geq 0\}$ 的状态空间 $Z = \{0, 1, 2\}$，一步转移概率矩阵如下：

$$\mathbf{P} = \begin{pmatrix} \dfrac{3}{4} & \dfrac{1}{4} & 0 \\ \dfrac{1}{4} & \dfrac{1}{2} & \dfrac{1}{4} \\ 0 & \dfrac{3}{4} & \dfrac{1}{4} \end{pmatrix}$$

初始分布为 $p_0(i)=P(X_0=i)=\dfrac{1}{3}, i=0,1,2$，试求：

(1) $P(X_0=0, X_2=1)$；(2) $P(X_2=1)$。

解：由一步转移概率矩阵，可得二步转移概率矩阵如下：

$$\boldsymbol{P}^{(2)}=\boldsymbol{P}^2=\begin{pmatrix} \dfrac{10}{16} & \dfrac{5}{16} & \dfrac{1}{16} \\ \dfrac{5}{16} & \dfrac{8}{16} & \dfrac{3}{16} \\ \dfrac{3}{16} & \dfrac{9}{16} & \dfrac{4}{16} \end{pmatrix}$$

可得

$$P(X_0=0, X_2=1)=P(X_0=0)P(X_2=1|X_0=0)=\dfrac{1}{3}\times\dfrac{5}{16}=\dfrac{5}{48}$$

$$P(X_2=1)=P(X_0=0)p_{01}^{(2)}+P(X_0=1)p_{11}^{(2)}+P(X_0=2)p_{21}^{(2)}$$

$$=\dfrac{1}{3}\times\left(\dfrac{5}{16}+\dfrac{8}{16}+\dfrac{9}{16}\right)=\dfrac{11}{24}$$

【**例 4-5**】 在重复独立伯努利实验中，每次实验有两种状态 $\{0,1\}$，设 X_n 表示第 n 次实验中出现的结果，且 $P(X_n=1)=p, P(X_n=0)=q$，则 $\{X_n, n\geqslant 1\}$ 是 Markov 链，求 n 步转移概率矩阵。

解：易知一步转移概率矩阵为：

$$\boldsymbol{P}=\begin{pmatrix} q & p \\ q & p \end{pmatrix}$$

从而

$$\boldsymbol{P}^{(n)}=\boldsymbol{P}^n=\begin{pmatrix} q & p \\ q & p \end{pmatrix}$$

【**例 4-6**】 在例 4-3 赌徒破产问题中，得到了一步转移概率矩阵，下面进一步求解 n 步转移概率矩阵。借助 Matlab 软件，可以得到二步转移概率矩阵如下：

$$P^2 = \begin{pmatrix} 1 & 0 & 0 & 0 & 0 & 0 \\ 0.6 & 0.24 & 0 & 0.16 & 0 & 0 \\ 0.36 & 0 & 0.48 & 0 & 0.16 & 0 \\ 0 & 0.36 & 0 & 0.48 & 0 & 0.16 \\ 0 & 0 & 0.36 & 0 & 0.24 & 0.4 \\ 0 & 0 & 0 & 0 & 0 & 1 \end{pmatrix}$$

同样可计算出 1 000 步转移概率矩阵如下:

$$P^{1\,000} = \begin{pmatrix} 1 & 0 & 0 & 0 & 0 & 0 \\ 0.924\,2 & 0 & 0 & 0 & 0 & 0.075\,8 \\ 0.810\,4 & 0 & 0 & 0 & 0 & 0.189\,6 \\ 0.639\,8 & 0 & 0 & 0 & 0 & 0.360\,2 \\ 0.383\,9 & 0 & 0 & 0 & 0 & 0.616\,1 \\ 0 & 0 & 0 & 0 & 0 & 1 \end{pmatrix}$$

可见,随着赌徒不断进行赌博,其最终结果要么是破产要么是赢钱离开。赌徒入局时,如果拥有 1 元,则其破产的概率高达 0.924 2;如果拥有 4 元,则最终破产的概率高达 0.383 9。进一步计算可以发现,1 001 步和 1 002 步转移概率矩阵与 1 000 步的完全相同。这意味着随着时间不断推移,此 Markov 链的转移概率不再变化,而此为 Markov 链的平稳性,将在后面介绍。

4.1.2 Markov 链的状态分类

【定义 4-2】 (状态周期性) 如果集合 $\{n \mid p_{ii}^{(n)} > 0\}$ 非空,则称该集合的最大公约数 d_i 为状态 i 的周期。如果 $d_i > 1$,则称状态 i 为周期的。如果 $d_i = 1$,则称状态 i 为非周期的。如果对任意的 $n \geqslant 1$,有 $p_{ii}^{(n)} = 0$,则约定 $d_i = +\infty$。

注:(1) d_i 体现发展变化中状态 i 重复出现的概率周期;

(2) 若状态 i 的周期为 d_i,并不是对所有的 n 都满足 $p_{ii}^{(nd_i)}>0$,但存在正整数 M,使得一切 $n\geqslant M$,有 $p_{ii}^{(nd_i)}>0$。基于数论知识可对此结论进行证明,在此不展开叙述。

【例 4 - 7】 设 Markov 链的状态空间为 $\{1,2,3,4\}$,状态转移概率如图 4-1 所示。根据周期的定义可知,状态 2 和状态 3 的周期均为 2,但是它们之间存在差异。当状态 2 转移到状态 3 后,再不能返回到状态 2,状态 3 总能返回到状态 3。为了区分这两种状态,就要引入常返性概念。

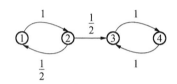

图 4-1　例 4-7 的状态转移示意图

记

$$f_{ij}^{(n)}=P(X_{m+v}\neq j,1\leqslant v\leqslant n-1,X_{m+n}=j\,|\,X_m=i),n\geqslant 1$$

则称 $f_{ij}^{(n)}$ 为 Markov 链从状态 i 出发,经过 n 步后首次到达 j 的概率,也称首中概率或首达概率。约定 $f_{ij}^{(0)}=0$,并称 $f_{ij}=\sum_{n=1}^{+\infty}f_{ij}^{(n)}$ 为从状态 i 出发首次到达状态 j 的概率。

【定义 4 - 3】 (状态常返性) 若 $f_{ii}=1$,则称状态 i 为常返的;若 $f_{ii}<1$,则称状态 i 为非常返的。

若状态 i 是常返的,则意味着从状态 i 出发,将无穷多次返回状态 i。若状态 i 是非常返的,则意味着从状态 i 出发,至多返回状态 i 有限次。事实上,可证明:若状态 i 是常返的,则从状态 i 出发无穷多次返回状态 i 的概率是 1;若状态 i 是非常返的,则从状态 i 出发无穷多次返回状态 i 的概率为零。

对于常返状态 i,由定义可知 $\{f_{ii},n\geqslant 1\}$ 构成了一概率分布,此分布的期望值 $\mu_i=\sum_{n=1}^{+\infty}nf_{ii}^{(n)}$ 表示由状态 i 出发再返回到状态 i 的平均返回时间。根据此期望值,可将常返状态进一步分为正常返和零常返。

若 $\mu_i < +\infty$,则称常返状态 i 为正常返的;若 $\mu_i = +\infty$,则称常返状态 i 为零常返的。非周期的正常返称为遍历状态。

首达概率 $f_{ij}^{(n)}$ 与 n 步转移概率 $p_{ij}^{(n)}$ 有如下关系式。

【定理 4-1】 对任意状态 i,j 及 $n \geqslant 1$,有

$$p_{ij}^{(n)} = \sum_{k=1}^{n} f_{ij}^{(k)} p_{jj}^{(n-k)} = \sum_{k=0}^{n-1} f_{ij}^{(n-k)} p_{jj}^{(k)}$$

证明:$p_{ij}^{(n)} = P(X_n = j \mid X_0 = i)$

$$= \sum_{k=1}^{n} P(X_v \neq j, 1 \leqslant v \leqslant k-1, X_k = j, X_n = j \mid X_0 = i)$$

$$= \sum_{k=1}^{n} P(X_n = j \mid X_v \neq j, 1 \leqslant v \leqslant k-1, X_k = j, X_0 = i) \cdot$$

$$P(X_v \neq j, 1 \leqslant v \leqslant k-1, X_k = j \mid X_0 = i)$$

$$= \sum_{k=1}^{n} f_{ij}^{(k)} p_{jj}^{(n-k)}$$

而显然可知 $\sum_{k=1}^{n} f_{ij}^{(k)} p_{jj}^{(n-k)} = \sum_{k=0}^{n-1} f_{ij}^{(n-k)} p_{jj}^{(k)}$。

【例 4-8】 设 Markov 链的状态空间 $Z = \{1, 2, 3\}$,一步转移概率矩阵为

$$\boldsymbol{P} = \begin{pmatrix} 0 & p_1 & q_1 \\ q_2 & 0 & p_2 \\ p_3 & q_3 & 0 \end{pmatrix}$$

求从状态 1 出发经 n 步转移首次到达各状态的概率。

解:根据一步转移概率矩阵,状态转移如图 4-2 所示。

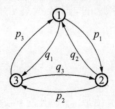

图 4-2 例 4-8 的状态转移示意图

进而利用数学归纳法可得：

$$f_{12}^{(n)} = \begin{cases} (q_1 p_3)^{m-1} q_1 q_3, & n=2m, m \geq 1, \\ (q_1 p_3)^m p_1, & n=2m+1, m \geq 0 \end{cases}$$

$$f_{13}^{(n)} = \begin{cases} (p_1 q_2)^{m-1} p_1 p_2, & n=2m, m \geq 1, \\ (p_1 q_2)^m q_1, & n=2m+1, m \geq 0 \end{cases}$$

$$f_{11}^{(n)} = \begin{cases} 0, & n=1, \\ p_1 (p_2 q_3)^{m-1} q_2 + q_1 (q_3 p_2)^{m-1} p_3, & n=2m, m \geq 1, \\ p_1 (p_2 q_3)^{m-1} p_2 p_3 + q_1 (q_3 p_2)^{m-1} q_3 q_2, & n=2m+1, m \geq 0 \end{cases}$$

【定理 4-2】 状态 i 常返的充要条件为 $\sum_{n=0}^{+\infty} p_{ii}^{(n)} = +\infty$，状态 i 非常返的充要条件为 $\sum_{n=0}^{+\infty} p_{ii}^{(n)} < +\infty$。

证明：
$$\sum_{n=1}^{+\infty} p_{ij}^{(n)} = \sum_{n=1}^{+\infty} \sum_{k=1}^{n} f_{ij}^{(k)} p_{jj}^{(n-k)} = \sum_{k=1}^{+\infty} f_{ij}^{(k)} \sum_{n=k}^{+\infty} p_{jj}^{(n-k)}$$
$$= \sum_{k=1}^{+\infty} f_{ij}^{(k)} \sum_{n=0}^{+\infty} p_{jj}^{(n)} = \sum_{k=1}^{+\infty} f_{ij}^{(k)} \left[1 + \sum_{n=1}^{+\infty} p_{jj}^{(n)} \right] = f_{ij} \left[1 + \sum_{n=1}^{+\infty} p_{jj}^{(n)} \right]$$

在上式中令 $j=i$，可得：

$$\sum_{n=1}^{+\infty} p_{ii}^{(n)} = f_{ii} \left[1 + \sum_{n=1}^{+\infty} p_{ii}^{(n)} \right]$$

于是

$$\sum_{n=1}^{+\infty} p_{ii}^{(n)} = \frac{f_{ii}}{1-f_{ii}}$$

从而

$$\sum_{n=0}^{+\infty} p_{ii}^{(n)} = \frac{1}{1-f_{ii}}$$

可见上述定理内容得证。

定理 4-2 给出了状态常返和非常返的判别方法，我们进一步给出状态零常返和遍历的判别方法，不加证明地给出下面定理。

【定理 4-3】 设状态 i 常返且具有周期 d，则

$$\lim_{n\to+\infty} p_{ii}^{(nd)} = \frac{d}{\mu_i}$$

其中,μ_i 为 i 的平均返回时间。当 $\mu_i = +\infty$ 时,$\lim_{n\to+\infty} p_{ii}^{(nd)} = 0$。

由定理 4-3,易得如下关于状态零常返和遍历的等价条件。

【定理 4-4】 设状态 i 常返,则

(1) 状态 i 零常返 $\Leftrightarrow \lim_{n\to+\infty} p_{ii}^{(n)} = 0$;

(2) 状态 i 遍历 $\Leftrightarrow \lim_{n\to+\infty} p_{ii}^{(n)} = \frac{1}{\mu_i} > 0$。

证明: (1) 若状态 i 零常返,由定理 4-3 可知 $\lim_{n\to+\infty} p_{ii}^{(nd)} = 0$。如果 n 不是 d 的整数倍,则 $p_{ii}^{(n)} = 0$,于是 $\lim_{n\to+\infty} p_{ii}^{(n)} = 0$。可知若状态 i 零常返,则有 $\lim_{n\to+\infty} p_{ii}^{(n)} = 0$。反之,若 $\lim_{n\to+\infty} p_{ii}^{(n)} = 0$,则子列 $\lim_{n\to+\infty} p_{ii}^{(nd)} = \frac{d}{\mu_i} = 0$,从而 $\mu_i = +\infty$,于是状态 i 是零常返的。

(2) 若状态 i 为遍历的,则 $\mu_i < +\infty$,$d = 1$。由定理 4-3 可知 $\lim_{n\to+\infty} p_{ii}^{(n)} = \frac{1}{\mu_i} > 0$。反之,若 $\lim_{n\to+\infty} p_{ii}^{(n)} = \frac{1}{\mu_i} > 0$,则 $\mu_i < +\infty$,即状态 i 正常返,而且子列 $\lim_{n\to+\infty} p_{ii}^{(nd)} = \frac{1}{\mu_i} > 0$。由定理 4-3 可知 $\lim_{n\to+\infty} p_{ii}^{(nd)} = \frac{d}{\mu_i}$,于是 $d = 1$。从而可得状态 i 是遍历的。

如果存在 $n \geqslant 0$,使得 $p_{ij}^{(n)} > 0$,则称状态 i 可达状态 j,记为 $i \to j$。其中约定,当 $i = j$ 时,$p_{ii}^{(0)} = 1$,否则 $p_{ij}^{(0)} = 0$。如果 $i \to j$ 且 $j \to i$,则称状态 i 与状态 j 互通,记为 $i \leftrightarrow j$。

【定理 4-5】 互通关系具有下列性质:

(1) 自反性:$i \leftrightarrow i$。

(2) 对称性:$i \leftrightarrow j$ 当且仅当 $j \leftrightarrow i$。

(3) 传递性:$i \leftrightarrow k, k \leftrightarrow j$,则 $i \leftrightarrow j$。

上述性质中(1)与(2)显然成立,(3)根据 C-K 方程易于证明。

注: (1) 互通关系满足自反性、对称性、传递性,即互通是一种等价关

系;(2)根据互通关系是等价关系,可以把状态空间划分为若干个不相交的集合(或者说等价类),并称之为状态类。若两个状态互通,则这两个状态属于同一类。任意两个类或不相交或相同。我们不加证明地给出下面的定理,其进一步指出互通关系的状态是同一类型。

【定理 4-6】 如果 $i \leftrightarrow j$,则:

(1)i 与 j 同为常返或非常返,若为常返,则它们同为正常返或零常返;

(2)i 与 j 具有相同的周期。

【例 4-9】 设 Markov 链 $\{X_n, n \geqslant 0\}$ 的状态空间 $Z = \{0, 1, 2, \cdots\}$,其转移概率为:

$$p_{00} = \frac{1}{2}, p_{i,i+1} = \frac{1}{2}, p_{i0} = \frac{1}{2}, i \in \mathbf{Z}$$

讨论该 Markov 链状态的常返性与周期性。

解:由转移概率可知,此 Markov 链的所有状态之间都是互通的,因此只需考察状态 0 的常返性与周期性。由转移概率易知:

$$f_{00}^{(1)} = \frac{1}{2}, f_{00}^{(2)} = \left(\frac{1}{2}\right)^2 = \frac{1}{4}, f_{00}^{(3)} = \left(\frac{1}{2}\right)^3 = \frac{1}{8}, \cdots$$

以此类推,可得

$$f_{00}^{(n)} = \frac{1}{2^n}$$

因此

$$f_{00} = \sum_{n=1}^{+\infty} f_{00}^{(n)} = \sum_{n=1}^{+\infty} \frac{1}{2^n} = 1$$

$$\mu_0 = \sum_{n=1}^{+\infty} n \frac{1}{2^n} < +\infty$$

于是,状态 0 为正常返状态。同时 $p_{00}^{(1)} = \frac{1}{2}$,所以状态 0 是非周期的,进而状态 0 是遍历状态。由于此 Markov 链的所有状态是互通的,因此其他状态也是遍历状态。

4.1.3 Markov链的平稳分布

【定义4-4】 （平稳分布）设 Markov 链 $\{X_n, n \geq 0\}$ 具有转移概率矩阵 $\boldsymbol{P} = (p_{ij})$，若存在一概率分布 $\{\pi_j, j \geq 0\}$，满足

$$\pi_j = \sum_{i=0}^{+\infty} \pi_i p_{ij}, j = 0, 1, 2, \cdots$$

则称 $\{\pi_j, j \geq 0\}$ 为该 Markov 链的平稳分布。

注1：$\pi_j = \sum_{i=0}^{+\infty} \pi_i p_{ij} = \sum_{i=0}^{+\infty} \left(\sum_{k=0}^{+\infty} \pi_k p_{ki} \right) p_{ij} = \sum_{k=0}^{+\infty} \pi_k \left(\sum_{i=0}^{+\infty} p_{ki} p_{ij} \right) = \sum_{k=0}^{+\infty} \pi_k p_{kj}^{(2)}$，于是

$$\pi = \pi \boldsymbol{P} = \pi \boldsymbol{P}^{(2)} = \cdots = \pi \boldsymbol{P}^{(n)}$$

注2：若 Markov 链具有平稳分布且平稳分布为初始状态的概率分布，则对每一个 n, X_n 有相同的分布。

设 $P(X_0 = j) = \pi_j$，于是 $P(X_1 = j) = \sum_i P(X_1 = j | X_0 = i) P(X_0 = i) = \sum_i \pi_i p_{ij} = \pi_j$，进一步可得：$P(X_n = j) = \sum_i P(X_n = j | X_{n-1} = i) P(X_{n-1} = i) = \sum_i \pi_i p_{ij} = \pi_j$。

【例4-10】 设 Markov 链的状态空间为 $\{0, 1, 2\}$，一步转移概率矩阵如下：

$$\boldsymbol{P} = \begin{pmatrix} 0.7 & 0.1 & 0.2 \\ 0.1 & 0.8 & 0.1 \\ 0.05 & 0.05 & 0.9 \end{pmatrix}$$

试求 Markov 链的平稳分布。

解：根据平稳分布的定义，可得如下方程组：

$$\begin{cases} \pi_1 = 0.7\pi_1 + 0.1\pi_2 + 0.05\pi_3, \\ \pi_2 = 0.1\pi_1 + 0.8\pi_2 + 0.05\pi_3, \\ \pi_3 = 0.2\pi_1 + 0.1\pi_2 + 0.9\pi_3, \\ \pi_1 + \pi_2 + \pi_3 = 1, \end{cases}$$

求解方程组,可得:

$$\pi_1 = 0.1765, \pi_2 = 0.2353, \pi_3 = 0.5882$$

下面不加证明地给出求解平稳分布的一个方法,首先给出遍历性的概念。若对一切的 i,j,$\lim\limits_{n \to +\infty} p_{ij}^{(n)} = p_j > 0$ 存在,则称该 Markov 链具有遍历性,此链又称为遍历链。Markov 链具有遍历性说明:不论从哪个状态出发,经过充分大的转移步数后,到达状态 j 的概率接近正常数 p_j。

【定理 4-7】 设 Markov 链的状态空间是有限的,如果存在正整数 N,使得对一切的 $i,j \in \mathbf{Z}$,有 $p_{ij}^{(N)} > 0$,则该 Markov 链是遍历的,并且 $\pi_j = \lim\limits_{n \to +\infty} p_{ij}^{(n)} (1 \leqslant j \leqslant K)$ 是方程组

$$\pi_j = \sum_{i=1}^{K} \pi_i p_{ij}, 1 \leqslant j \leqslant K$$

满足条件 $\pi_j > 0, \sum\limits_{j=1}^{K} \pi_j = 1$ 的唯一解。

4.2 连续时间 Markov 链

【定义 4-5】 (连续时间 Markov 链)设 $\{X_t, t \in T\}$ 为随机过程,其中 $T = [0, +\infty)$,状态空间 $Z = \{0, 1, 2, \cdots\}$,若对任意的 $n > 0, 0 \leqslant t_0 < t_1 < t_2 < \cdots < t_{n+1}$,任意的状态 $i_0, i_1, \cdots, i_{n+1}$,有:

$$P(X_{t_{n+1}} = i_{n+1} | X_{t_n} = i_n, X_{t_{n-1}} = i_{n-1}, \cdots, X_{t_0} = i_0) = P(X_{t_{n+1}} = i_{n+1} | X_{t_n} = i_n)$$
(4-4)

则称随机过程 $\{X_t, t \in T\}$ 为连续时间 Markov 链。

式(4-4)体现了随机过程的马氏性,记式(4-4)中条件概率一般形

式为 $P(X_{s+t}=j|X_s=i)$,其表示过程在时刻 s 处于状态 i,经过时间 t 后转移到状态 j 的概率,简称转移概率。

若对任意的 $s,t\geq 0,i,j\in \mathbf{Z}$,有

$$P(X_{s+t}=j|X_s=i)=P(X_t=j|X_0=i)$$

则称连续时间 Markov 链为齐次的,即转移概率 $P(X_{s+t}=j|X_s=i)$ 不依赖于时间 s。我们将转移概率 $P(X_{s+t}=j|X_s=i)$ 简记为 $p_{ij}(t)$。

【性质 4-3】 连续时间的齐次 Markov 链转移概率具有下列性质:

(1) $p_{ij}(t)\geq 0$;

(2) $\sum_{j\in \mathbf{Z}} p_{ij}(t)=1$;

(3) $p_{ij}(s+t)=\sum_{k\in \mathbf{Z}} p_{ik}(s)p_{kj}(t)$。

证明: 上述性质(1)和(2)显然成立,下面证明性质(3),即连续时间 Markov 链的 C-K 方程。

$$\begin{aligned}p_{ij}(s+t)&=P(X_{s+t}=j|X_0=i)\\&=\sum_{k\in \mathbf{Z}}P(X_{s+t}=j,X_s=k|X_0=i)\\&=\sum_{k\in \mathbf{Z}}P(X_{s+t}=j|X_s=k,X_0=i)P(X_s=k|X_0=i)\\&=\sum_{k\in \mathbf{Z}}P(X_{s+t}=j|X_s=k)P(X_s=k|X_0=i)\\&=\sum_{k\in \mathbf{Z}}p_{ik}(s)p_{kj}(t)\end{aligned}$$

令 $p_i(t)=P(X_t=i)$,容易得到下面关于连续时间 Markov 链的有限维分布性质。

【性质 4-4】 连续时间的齐次 Markov 链的有限维分布具有下列性质:

(1) $p_j(t)=\sum_{i\in \mathbf{Z}} p_i(0)p_{ij}(t)$;

(2) $p_j(s+t)=\sum_{i\in \mathbf{Z}} p_i(s)p_{ij}(t)$;

(3) $P(X_{t_1}=i_1, X_{t_2}=i_2,\cdots,X_{t_n}=i_n)=\sum_{i\in \mathbf{Z}}p_i(0)p_{ii_1}(t_1)p_{i_1 i_2}(t_2-t_1)\cdots$
$p_{i_{n-1}i_n}(t_n-t_{n-1})$,其中 $0\leqslant t_1<t_2<\cdots<t_n$。

【定理 4-8】 设 τ_i 为连续时间的齐次 Markov 链停留在状态 i 的时间，则 τ_i 服从指数分布。

证明：令 $m,n\geqslant 0$，则
$$\{\tau_i>m\}=\{X_t=i,0\leqslant t\leqslant m\}$$
而且 $\{\tau_i>m+n\}$ 意味着 $\{\tau_i>m\}$，因此
$$P(\tau_i>m+n|X_0=i)=P(\tau_i>m+n,\tau_i>m|X_0=i)$$
$$=P(\tau_i>m+n|\tau_i>m,X_0=i)P(\tau_i>m|X_0=i)$$
$$=P(\tau_i>m+n|X_t=i,0\leqslant t\leqslant m)P(\tau_i>m|X_0=i)$$
$$=P(\tau_i>n|X_0=i)P(\tau_i>m|X_0=i)$$
于是
$$\frac{P(\tau_i>m+n|X_0=i)}{P(\tau_i>m|X_0=i)}=P(\tau_i>n|X_0=i)$$

可见，τ_i 具有无记忆性，而且在连续性随机变量的概率分布中，唯一具有无记忆性的就是指数分布。因此，τ_i 服从指数分布。

【例 4-11】 设 $\{X_t,t\geqslant 0\}$ 是独立增量过程，且 $X_0=0$，证明：$\{X_t,t\geqslant 0\}$ 为连续时间 Markov 链。

证明：对任意的 $n\geqslant 1$，任意的 $0\leqslant t_1<t_2<\cdots<t_{n-1}<t_n$，以及任意的状态 $i_1,i_2,\cdots,i_n$，
$$P(X_{t_n}=i_n|X_{t_1}=i_1,\cdots,X_{t_{n-1}}=i_{n-1})$$
$$=P(X_{t_n}-X_{t_{n-1}}=i_n-i_{n-1}|X_{t_1}-X_0=i_1,\cdots,X_{t_{n-1}}-X_0=i_{n-1})$$
$$=P(X_{t_n}-X_{t_{n-1}}=i_n-i_{n-1}|X_{t_{n-1}}-X_0=i_{n-1})$$
$$=P(X_{t_n}=i_n|X_{t_{n-1}}=i_{n-1})$$

Poisson 过程满足例 4-11 的条件，这意味着 Poisson 过程是连续时间 Markov 链。实际上，Poisson 过程还是齐次 Markov 链。

$$P(X_{s+t}=j\,|\,X_s=i)=P(X_{s+t}-X_s=j-i\,|\,X_s=i)=P(X_{s+t}-X_s=j-i)$$

$$=\begin{cases} e^{-\lambda t}\dfrac{(\lambda t)^{j-i}}{(j-i)!}, & j\geqslant i, \\ 0, & j<i \end{cases}$$

可见,转移概率只与 t 有关,因此 Poisson 过程是连续时间齐次 Markov 链。

4.3 资产价格预测分析

股票市场是经济的晴雨表,其股价走势受到各种各样因素的影响。由于股票价格变化具有一定的随机性,因此本节介绍运用 Markov 链对股票价格进行预测分析。根据前面 Markov 链基础知识可知,运用 Markov 链方法的关键在于构建状态空间及状态的转移概率矩阵。对于股票价格可以将其按照价格上升、持平和下降进行状态构建,也可以按照价格变化区间进行状态构建。

下面以上海证券综合指数(以下简称上证综指)1997 年 1 月 1 日到 2001 年 10 月 28 日的每周收盘指数为样本进行分析。显然这里假设股指变化过程为时间离散的齐次 Markov 链。按照指数大小,构建如下 Markov 链状态空间:状态 1,指数在 (0,1 200] 范围内;状态 2,指数在 (1 200,1 400] 范围内;状态 3,指数在 (1 400,1 600] 范围内;状态 4,指数在 (1 600,1 800] 范围内;状态 5,指数在 (1 800,2 000] 范围内;状态 6,指数在 (2 000,+∞] 范围内。根据状态划分标准,状态间经过一步转移的次数统计如表 4-1 所示。

表 4-1 上证综指状态间一步转移次数

前状态	后状态					
	状态 1	状态 2	状态 3	状态 4	状态 5	状态 6
状态 1	50	8	0	0	0	0

续表

前状态	后状态					
	状态1	状态2	状态3	状态4	状态5	状态6
状态2	7	51	4	0	0	0
状态3	0	3	17	6	0	0
状态4	0	0	6	10	2	0
状态5	0	0	0	2	33	3
状态6	0	0	0	0	4	32

根据表4-1,可以估计出一步转移概率矩阵如下:

$$\boldsymbol{P} = \begin{pmatrix} \frac{50}{58} & \frac{8}{58} & 0 & 0 & 0 & 0 \\ \frac{7}{62} & \frac{51}{62} & \frac{4}{62} & 0 & 0 & 0 \\ 0 & \frac{3}{26} & \frac{17}{26} & \frac{6}{26} & 0 & 0 \\ 0 & 0 & \frac{6}{18} & \frac{10}{18} & \frac{2}{18} & 0 \\ 0 & 0 & 0 & \frac{2}{38} & \frac{33}{38} & \frac{3}{38} \\ 0 & 0 & 0 & 0 & \frac{4}{36} & \frac{32}{36} \end{pmatrix}$$

由于 n 步转移概率矩阵 $\boldsymbol{P}^{(n)} = \boldsymbol{P}^n$,当转移步数 n 趋于无穷大时,转移概率矩阵如下:

$$\boldsymbol{P}^{(\infty)} = \begin{pmatrix} 0.1944 & 0.2396 & 0.1354 & 0.0939 & 0.1967 & 0.1400 \\ 0.1944 & 0.2396 & 0.1354 & 0.0939 & 0.1967 & 0.1400 \\ 0.1944 & 0.2396 & 0.1354 & 0.0939 & 0.1967 & 0.1400 \\ 0.1944 & 0.2396 & 0.1354 & 0.0939 & 0.1967 & 0.1400 \\ 0.1944 & 0.2396 & 0.1354 & 0.0939 & 0.1967 & 0.1400 \\ 0.1944 & 0.2396 & 0.1354 & 0.0939 & 0.1967 & 0.1400 \end{pmatrix}$$

由 $\boldsymbol{P}^{(\infty)}$ 矩阵元素可知,股指变化过程具有如下性质:

(1) 从任意一个状态出发,经过足够长时间,到达其他状态的概率都大于 0,因此各个状态之间是互通的。

(2) 由遍历链的定义可知,股指变化过程是遍历链。进而由定理 4-7 可知,股指变化过程具有唯一的平稳分布,而且平稳分布为:

$$\pi=(0.1944,0.2396,0.1354,0.0939,0.1967,0.1400)$$

根据公式 $P(X_{t+k}=j)=\sum_{i}P(X_{t}=i)p_{ij}^{(k)}$,可得$(t+k)$时刻股指的概率分布。于是可以对股指变化进行一步或多步预测分析。值得注意的是,由于股指变化受到多种因素的影响,因此进行长期预测的准确性一般都较低。

4.4 信用等级转移模型

4.4.1 信用评级方法

信用评级为信用风险度量提供了一种简单易行、比较实用的方法。但由于许多人为因素影响,信用风险度量常常会出现较大的误差。传统的信用评级方法主要是银行对贷款资产的评级,但随着信用等级方法的发展和完善,信用评级方法的应用领域更加广泛,既有对债务的评级,又有对国家主权风险与公司等的评级。评级方式也更加多样化,既有外部机构的评级,又有内部的评级。

内部信用评级方法是银行以实践经验为基础构建内部评级体系,对每个借款人或贷款项目进行评级,进而根据评级结果去估算贷款的违约率和违约损失率。而外部机构的评级开始于 20 世纪 20 年代,因标准普尔公司和穆迪公司在信用评级方面具有权威性,目前它们的评级在世界范围内得到了普遍认可与接受。标准普尔公司和穆迪公司的评级结果对外公开,并定期给予修正。

信用评级的对象主要分为两类:一是对债务人评级,是对债务发行人或其他债务人将来对债务的本息偿还能力、法律义务、偿还意愿的总体评价。二是对债务评级,是对某一特定债务的评级,需要考虑债务人的信用等级、是否有担保、国家风险、宏观经济状况等众多因素。评级内容主要包括财务分析、质量分析和法律分析等几个方面。评级过程主要包括与发债企业的管理人员进行会晤,对企业的经营计划和财务计划进行审查;所有这些信息都交给一个评级委员会进行审查,评级委员会由具有相关行业经验和专业知识的人士构成;审查后由评级委员会对结果进行投票表决;在评级结果正式公布前,债务人可以通过提供新的信息要求更改评级。一般情况下,每年都应该按照新的信息对原有的评级进行修正。如果有足够理由对原有的评级进行修正,则需要发布一个评级公告或者信用评级备忘书,而且评级等级的变更需要征得评级委员会同意。

表4-2和表4-3分别展现了标准普尔公司和穆迪公司的一般信用评级体系。此外,穆迪公司对从Aa到Caa的每个级别中都加入1、2和3这样的数字进行调节。1代表在同一信用等级中质量最高,2代表在同一信用等级中质量居中,3代表在同一信用等级中质量最低。

表4-2 标准普尔公司的一般信用评级体系

评级等级	风险程度	评级等级描述与解析
AAA	最小	AAA级债券质量最高,债务人的偿付能力最强
AA	温和	AA级和最高级别相差不大,债务人的偿付能力也很强
A	平均(中等)	在市场环境和经济状况出现不利变化的情况下,A级债务的偿付可能会存在问题,不过债务人偿付债务的能力还是较强的
BBB	可接受	BBB级债务的保险系数也较高,不过经济状况或市场环境的不利变化可能会削弱债务人偿付该项债务的能力
BB	可接受但予以关注	BB级债务的违约风险比其他投机级别要低一些,不过商业环境、财务状况或经济状况的变化很可能导致债务人无力承担责任

续表

评级等级	风险程度	评级等级描述与解析
B	管理性关注	B级债务的风险比BB级稍高,但从债务人目前的状况来看,他仍有能力承担债务。商业环境、财务状况或经济状况的不利变化会削弱债务人偿债的能力和愿望
CCC	特别关注	CCC级债务目前的偿付能力较低,只能依赖于经济状况、财务状况或商业环境出现有利变化,债务人才有可能偿付债务
CC	未达标准	CC级债务违约的可能性很大
C	可疑	C级债务适用的情形是,债务人已经提交了破产申请或者从事其他类似的活动,不过债务偿付仍未停止
D	损失	和其他级别不同,D级不是对未来的一种预期,只有在违约实际发生后,才使用这个级别,所以D级不表示违约发生的可能性。在下述情况下,标准普尔公司会将评级定位为D级:利率或本金在到期日没有得到偿还。如果存在一定的宽限期或标准普尔公司认为支付最终会执行的话,可以有例外,在这种情况下可以保持原级别。在提交自动破产申请或者类似活动的情况下。如果标准普尔公司认为对某类特定债务的偿付仍会继续的话,可以有例外。如果没有出现支付违约或者破产情况,单独的技术性违约(即立约失误)不足以将某项债务评级为D级
+或-		从AA到CCC的每个级别都要用附加的"+"或"-"来进行调整,以表明其在同一信用级别内的相对质量
R		R级主要用于那些含有很高非信用风险的工具。它强调的是信用评级时未关注的本金风险或收益波动的风险,比如,与权益资产、外汇或商品相关的债务或指数化的债务;存在严重提前偿付风险的债务,如只以利息作抵押的证券或只以本金作抵押的证券;含利率期限风险的债务,如反向流通证券

表4-3 穆迪公司的一般信用评级体系

评级等级	风险程度	评级等级描述与解析
Aaa	最小	被评为Aaa级的债券的质量是最高的,投资风险最小,通常被称为"金边债券"。利息支付由债务人的利润做支撑,本金的偿付也相对安全。虽然市场情况可能会出现一些不利的变化,但不会在根本上影响债务人的偿付能力
Aa	温和	被评为Aa级的债券的质量也很高,和Aaa级债券一起被称为高等级债券。它的安全性比Aaa级稍低,是因为债务人的收入稍低一些或者有些因素的波动可能要大一些;也可能是因为这些债务中包含一些特定的因素,使其长期风险大于Aaa级债券

续表

评级等级	风险程度	评级等级描述与解析
A	平均(中等)	A级债券具有较高的投资价值,一般被认为是中等偏上的投资工具。本金和利息的偿付较有保证,但在将来出现某些不利情况时,偿付能力可能会有所削弱
Baa	可接受	Baa级债券的质量属于中等。从目前的情况来看,偿付能力有保证,但随着时间的推移,保障程度会有所降低,从而使偿付变得不可靠。这类债券缺乏很好的投资性质,从本质上看,有一定的投机性质
Ba	可接受但予以关注	被评为Ba级的债券具有投机性,其未来的偿付情况没有很好的保证,本息支付的可靠性较低。因此,不管未来的环境有利还是不利,偿付都没有很好的保障。这类债券的不确定性较高
B	管理性关注	被评为B级的债券不是很好的投资对象。在较长的时期内,本息支付的可靠性较差
Caa	特别关注	这个级别的债券质量很差。债务人违约的可能性较大,可以说,本息的偿付在目前就很困难
Ca	未达标准	Ca级债券的投机性相当高。这类债券的违约率很高,或者具有其他一些很明显的缺陷
C	可疑	C级债券是穆迪公司评级体系中级别最低的一种。可靠性极低,甚至不具有任何实际的投资价值

由上述标准普尔公司和穆迪公司的一般信用评级体系可知,尽管两者在对某项具体债务的评级上可能存在差别,但总体上来说两者的分类很相近。不同的信用级别是根据违约风险和债务人偿付的可能性大小进行分类的。标准普尔公司的 BBB 级以上或穆迪公司的 Baa 级以上等级称为投资级,以下的等级称为投机级,其中不包括标准普尔公司的 D 级。

4.4.2 信用等级转移分析

无论是公司还是某项具体债务,其信用等级状况并非一成不变,而是随着时间的推移,受到宏观因素和公司内部因素等影响而发生相应的变化。信用等级的变化一般可以用信用等级转移概率矩阵来度量。

Jarrow 等指出债券信用等级的动态过程,可以采用 Markov 链建模:

第4章 Markov链及其在金融中的应用

以 X 表示时间同质的 Markov 链（即齐次 Markov 链），$X=\{X_t, t=0,1,2,\cdots\}$，状态空间 $Z=\{1,2,\cdots,k,k+1\}$，表示具有 $(k+1)$ 种信用等级。其中，状态 1 表示最高信用等级，即信用最佳；状态 k 表示最低信用等级；$k+1$ 表示违约破产状态，一旦公司进入此状态，意味着其违约破产倒闭消失，故称其为吸收状态。

Markov 链的变化过程可以采用转移概率矩阵 Q 来表示，它描述了从本期至下一期公司信用等级的转移概率。转移概率矩阵 Q 表示如下：

$$Q = \begin{pmatrix} q_{11} & q_{12} & \cdots & q_{1k} & q_{1,k+1} \\ q_{21} & q_{22} & \cdots & q_{2k} & q_{2,k+1} \\ \cdots & \cdots & \cdots & \cdots \\ q_{k1} & q_{k2} & \cdots & q_{kk} & q_{k,k+1} \\ 0 & 0 & \cdots & 0 & 1 \end{pmatrix} = \begin{pmatrix} A & R \\ O & 1 \end{pmatrix}$$

式中，$q_{ij}=P(X_{t+1}=j|X_t=i)(1\leqslant i,j\leqslant k)$ 表示由本期信用等级 i 转移到下一期信用等级 j 的概率。在 Markov 链时间同质的假设下，q_{ij} 不会因时间而异。$A=(q_{ij})$ 是 $k\times k$ 矩阵，表示非吸收状态的转移概率矩阵。$R=(q_{1,k+1},q_{2,k+1},\cdots,q_{k,k+1})^T$ 是 $k\times 1$ 列向量，其中 $q_{i,k+1}(1\leqslant i\leqslant k)$ 表示信用等级 i 转移到违约破产等级的概率。$O=(0,0,\cdots,0)$ 是 $1\times k$ 行向量，实际上 $O=(q_{k+1,1},q_{k+1,2},\cdots,q_{k+1,k})$，显然该向量的元素均是 0。$q_{k+1,k+1}=1$ 表示一旦公司进入违约破产倒闭状态将永久处于此状态，显然其概率为 1。

对于信用等级转移概率，可以通过信用等级转移事件发生的频率来估算。假设 C_{ij} 表示信用等级从 i 转移到 j 的事件数量，N_i 表示从等级 i 开始信用等级转移的事件数量。若 $N_i>0$，则未知的信用等级转移概率可以用观察到的从 i 转移到 j 的频率来估计 $\hat{q}_{ij}=\dfrac{C_{ij}}{N_i}$。按照此方法得到信用等级转移概率后，还需要在初始评级基础上考虑由权威评级机构评估的企业所经历的各种历史事件的情况,并对信用等级转移概率进行修正。等确定了各种信用事件的信用等级转移概率后,就可以得到相应的信用等级转移概率矩阵。

根据 1996 年 4 月 15 日标准普尔公司的 Credit Weekly,表 4-4 列出了标准普尔公司对各个信用等级债务人在一年内从一信用等级转移到另一信用等级的概率所组成的信用等级转移概率矩阵。如表 4-4 所示,标准普尔公司给出了 7 个信用等级,最高级为 AAA 级,最低级为 CCC 级。违约为债务人处于无法偿还同债券和贷款相关的债务的状态,并且一旦债务人处于违约状态后,转移为其他信用等级的概率为零。表格中数值表示某一信用等级一年后转移到另一信用等级的概率。例如,AA 行、A 列的数值为 7.79%,表示期初信用等级为 AA 级的债务人一年后信用等级转移到 A 的概率为 7.79%。

表 4-4 信用等级转移概率矩阵

初始等级	一年后等级/%							
	AAA	AA	A	BBB	BB	B	CCC	违约
AAA	90.81	8.33	0.68	0.06	0.12	0	0	0
AA	0.7	90.65	7.79	0.64	0.06	0.14	0.02	0
A	0.09	2.27	91.05	5.52	0.74	0.26	0.01	0.06
BBB	0.02	0.33	5.95	86.93	5.3	1.17	1.12	0.18
BB	0.03	0.14	0.67	7.73	80.53	8.84	1	1.06
B	0	0.11	0.24	0.43	6.48	83.46	4.07	5.2
CCC	0.22	0	0.22	1.3	2.38	11.24	64.86	19.79

进一步分析信用等级转移的特点,以期初等级为 A 的债务人为例:在一年后违约的概率为 0.06%,转移为 AAA 级、AA 级、A 级、BBB 级、BB 级、B 级和 CCC 级的概率分别为 0.09%、2.27%、91.05%、5.52%、0.74%、0.26% 和 0.01%。可见,信用等级转移存在"近因效应",即某一信用等级在一年内仍保持原来的等级概率最大,向临近的等级转移的概

率较大,向较远距离的等级转移的概率较小。因此,期初信用等级较低的债务人在一年内违约的概率也较大。

穆迪公司也公布过类似的信息,但其公布的概率是基于跨越所有行业、超过 20 年以上的数据。由于这些数据对不同行业种类的企业范例都计算了平均统计值,而且涵盖了多个商业周期,因此,穆迪公司提供的数据比较可信。但事实上,很多银行都倾向于依赖自己的统计数据,因为这些数据和其所持有的贷款与债券组合构成的关系更为密切。标准普尔公司和穆迪公司除了公布一年内某初始信用等级债务人转移为其他等级的概率之外,还给出了长期平均累积违约率。例如,标准普尔公司公布的数据中,初始信用等级为 A 级的债务人在一年内的平均违约率为 5%,在 5 年内的平均违约率为 0.71%,而在 10 年和 15 年内的平均违约率分别为 2.1%和 3.46%。

值得注意的是,信用等级转移事件是否发生以及违约概率是否发生较大变化,依赖于经济周期是处于扩张状态还是衰退状态。因此,运用依赖于信用等级转移概率的模型时,需要对平均历史数值进行适当调整,使其与当前的经济环境相一致。

4.5 期权定价模型

期权又称选择权,是一种能在未来某日期或该日期之前,以事先确定的价格买进或卖出一定数量的某种资产的权利。期权交易实际上是一种权利的交易,期权购买者或持有者是指支付期权费以获得期权合约所赋予的权利的一方;而交易另一方称为期权卖者或出售者,是指收取期权费用而履行期权合约所规定的义务的一方。其中,期权费是指期权购买者为获得期权合约所赋予的权利,向期权出售者支付的费用,通常也被称为期权价格。在期权合约中约定的价格被称为执行价格,而期权合约中交易对象被称为标的物或标的资产。若标的资产为股票或者债券等金融产品,则称此类期权为金融期权;若标的资产是商品现货,则称此类期权为商品期权。

根据期权合约赋予期权购买者的不同权利,期权可以分为看涨期权和看跌期权。看涨期权是指期权购买者可在约定的未来某日期或该日期之前,以执行价格向期权卖者买进一定数量的某种标的资产的权利。看跌期权是指期权购买者可在约定的未来某日期或该日期之前,以执行价格向期权卖者卖出一定数量的某种标的资产的权利。在期权交易中,根据期权合约对履约时间的不同,期权分为欧式期权和美式期权。欧式期权是指期权购买者只能在期权到期日履约的期权;而美式期权是指期权购买者既可以在期权到期日履约,也可以在期权到期日之前的任一营业日履约的期权。

对于欧式看涨期权,期权买方在未来具有按照执行价格购买标的资产的权利。假设 S 表示标的资产在未来到期日的市场价格,K 表示期权的执行价格。因此,对于欧式看涨期权的买方而言,其未来到期日的收益如下:

$$V_c=(S-K)^+=\max\{S-K,0\}=\begin{cases}S-K, & S\geqslant K,\\ 0, & S<K\end{cases}$$

可见,当 $S\geqslant K$ 时,才有必要执行期权,否则将放弃期权。类似地,欧式看跌期权在未来到期日的收益如下:

$$V_p=(K-S)^+=\max\{K-S,0\}=\begin{cases}K-S, & S\leqslant K,\\ 0, & S>K\end{cases}$$

可见,当 $S\leqslant K$ 时,才有必要执行期权,否则将放弃期权。

在本节中将利用离散时间 Markov 链(随机游动模型)推导欧式期权的定价公式,先基于随机游动模型构造股票价格过程,在此基础上讨论期权定价离散模型(二叉树模型),进而研究此模型的极限状态,推导 Black-

Scholes 期权定价公式。

4.5.1 期权定价二叉树模型

本节介绍期权定价的离散模型,其中最为著名的就是 Cox 等提出的二项式模型,也称为二叉树模型。为了便于说明,假设期权标的资产为股票。下面利用离散 Markov 链推导欧式期权的定价公式。

设时间集 $T=\{0,1,2,\cdots\}$,$S(t)$ 表示在 t 时刻某股票的价格,且在 $(t+1)$ 时刻股价只存在两种变化状态,以概率 q 变为 $S(t+1)=uS(t)$,以概率 $1-q$ 变为 $S(t+1)=dS(t)$,表示为:

$$S(t+1)=\begin{cases}uS(t), & \text{以概率 } q, \\ dS(t), & \text{以概率 } 1-q\end{cases} \quad (4-5)$$

式中,$u>1>d>0$。而且,每一时刻的股价上升与下降与下一时刻的股价上升与下降是相互独立的。

上述给出的是单周期股价模型,设 $S(0)=S$,对于 2 周期的股价:当 $t=1$ 时,股价具有 2 种状态 $\{uS,dS\}$,对应的概率为 $\{q,1-q\}$;当 $t=2$ 时,股价具有 3 种状态 $\{u^2S,udS,d^2S\}$,对应的概率为 $\{q^2,2q(1-q),(1-q)^2\}$。以此类推,当 $t=n$ 时,股价具有 $(n+1)$ 种状态,各状态对应的概率服从二项分布 $B(n+1,q)$。

根据式(4-5),可以构造随机游动模型来刻画股价过程。令 $X_t(t=1,2,\cdots)$ 为:

$$X_t=\begin{cases}u, & \text{以概率 } q, \\ d, & \text{以概率 } 1-q\end{cases} \quad (4-6)$$

且假设 $\{X_t\}$ 是相互独立的随机变量序列,$S(0)=S$,则股价可以表示为:

$$S(t)=S\prod_{i=1}^{t}X_i \quad (4-7)$$

在上式 t 个随机变量 X_i 中,如果有 k 个随机变量取值为 u,其余 $(t-k)$ 个取值为 d,于是有:

$$P(S(t)=Su^kd^{t-k})=C_t^k q^k (1-q)^{t-k}, k=0,1,\cdots,t \qquad (4-8)$$

由于式(4-8)服从二项分布，因此此股价过程也称为二项式股价过程或者二项式模型。

定义随机变量

$$Y_t=\ln X_t=\begin{cases}\ln u, & \text{以概率 } q,\\ \ln d, & \text{以概率 } 1-q\end{cases}$$

由式(4-7)可知：

$$\ln\frac{S(t)}{S(0)}=\sum_{i=1}^{t}Y_i \qquad (4-9)$$

显然 $\left\{\ln\dfrac{S(t)}{S(0)},t\in T\right\}$ 为一随机游动，为 Markov 链。

首先考虑单周期模型，即 $T=1$。设 C 是 $t=0$ 时欧式看涨期权的价值，C_u 表示 $t=1$ 时，股价变为 uS 时，从看涨期权获得的收益；C_d 表示 $t=1$ 时，股价变为 dS 时，从看涨期权获得的收益。于是如果在 $t=1$ 时执行期权，则有：

$$C_u=\max\{uS-K,0\}, C_d=\max\{dS-K,0\} \qquad (4-10)$$

式中，K 为期权的执行价格。此时，期权的价值 C 以概率 q 变为 C_u，以概率 $1-q$ 变为 C_d。

假设一投资者在 $t=0$ 时持有 w 股这种股票，同时持有 B 元债券，且债券的收益率为 r，则在 $t=1$ 时投资者的投资组合以概率 q 变为 $wuS+B(1+r)$，以概率 $1-q$ 变为 $wdS+B(1+r)$。

假设在 $t=1$ 时，投资组合与看涨期权的价值一样，于是可以得到：

$$C_u=wuS+B(1+r), C_d=wdS+B(1+r) \qquad (4-11)$$

进而可得：

$$w=\frac{C_u-C_d}{(u-d)S}, B=\frac{uC_d-dC_u}{(u-d)(1+r)} \qquad (4-12)$$

按照式(4-12)构建投资组合，则在 $t=1$ 时投资组合与看涨期权的收益相同。为了避免套利,两种投资在 $t=0$ 时的价值必须相等。于是,单周期模型下看涨期权的价格为 $C=wS+B$。由式(4-12),进一步可得:

$$C=\frac{C_u-C_d}{u-d}+\frac{uC_d-dC_u}{(u-d)(1+r)} \qquad (4-13)$$

设

$$p=\frac{1+r-d}{u-d}, 1-p=\frac{u-1-r}{u-d}, u>1+r>d>0 \qquad (4-14)$$

则 $0<p<1$,于是式(4-13)可写成:

$$C=\frac{1}{1+r}[pC_u+(1-p)C_d] \qquad (4-15)$$

设随机变量 $Z_t(t=1,2,\cdots)$ 为:

$$Z_t=\begin{cases} u, & \text{以概率 } p, \\ d, & \text{以概率 } 1-p \end{cases}$$

于是式(4-15)为:

$$C=\frac{1}{1+r}E_p[(SZ_1-K)^+] \qquad (4-16)$$

对于二周期模型,即 $T=2$,采用上述同样的方法加以分析,可以得到此情况下期权价格为:

$$C=\frac{1}{(1+r)^2}E_p[(SZ_1Z_2-K)^+] \qquad (4-17)$$

更一般地,对于 T 周期模型,可得期权价格为:

$$C=\frac{1}{(1+r)^T}E_p\left[\left(S\prod_{t=1}^T Z_t-K\right)^+\right] \qquad (4-18)$$

【例 4-12】 假设一只股票当前的价格为 20 元,3 个月后股价可能涨到 22 元,也可能跌到 18 元。3 个月后到期的该股票欧式看涨期权的执行价格为 21 元,假设无风险年利率为 4%。试求该期权的当前价格。

解:首先,根据题目中条件,可知

$$u = \frac{22}{20} = 1.1, d = \frac{18}{20} = 0.9$$

注意到,无风险利率是年利率,而期权到期日为 3 个月,因此在单利计息下,可得:

$$p = \frac{1+r-d}{u-d} = \frac{1+4\%/4-0.9}{1.1-0.9} = 0.55$$

从而可得期权的价格为:

$$C = \frac{1}{1+r}[pC_u + (1-p)C_d]$$

$$= \frac{1}{1+4\%/4}[0.55 \times (22-21) + (1-0.55) \times 0] \approx 0.545$$

【例 4-13】 假设标的股票的当前价格为 100 元,每期的时间跨度为 1 年。未来每期结束时股票价格要么上涨至原来的 1.1 倍,要么下跌至原来的 $\frac{9}{10}$。假设期权到期日还有 2 年,无风险年利率为 5%,求执行价格为 105 元的欧式看跌期权的当前价格。

解:由题目条件可知:

$$p = \frac{1+r-d}{u-d} = \frac{1+5\%-0.9}{1.1-0.9} = 0.75$$

于是

$$C_u = \frac{1}{1+5\%} \times [0.75 \times 0 + (1-0.75) \times (105 - 100 \times 1.1 \times 0.9)] \approx 1.43$$

$$C_d = \frac{1}{1+5\%} \times [0.75 \times (105 - 100 \times 0.9 \times 1.1) + (1-0.75) \times (105 - 100 \times 0.9 \times 0.9)] = 10$$

最终可得期权价格为:

$$C = \frac{1}{1+r}[pC_u + (1-p)C_d] = \frac{1}{1+5\%} \times (0.75 \times 1.43 + 0.25 \times 10) \approx 3.40$$

4.5.2 Black-Scholes 期权定价模型

前面讨论的是离散时间的期权定价模型,本节将用 n 周期二项式模型逼近连续时间期权定价模型,即期权二项式定价模型随着期数的增加,其结果将与 Black-Scholes 期权定价模型结果趋于一致。

考虑时间区间$[0,T]$,并将其 n 等分,在其上定义 n 期二项式模型。设 $X_t(t=1,2,\cdots,n)$ 由式(4-6)给出,$Y_t=\ln X_t$,$x=\ln u$,$y=\ln d$。由于 $\{Y_t\}$ 是相互独立的随机变量序列,因此 $D_n=\sum_{t=1}^{n}Y_t$ 的数学期望与方差如下:

$$\begin{cases} E(D_n)=nE(Y_t)=n[qx+(1-q)y], \\ \mathrm{Var}(D_n)=n\mathrm{Var}(Y_t)=nq(1-q)(x-y)^2 \end{cases} \quad (4-19)$$

并假设在$[0,T]$上,$E(D_n)=\mu T$,$\mathrm{Var}(D_n)=\sigma^2 T$,于是由式(4-19)可得:

$$x=\frac{\mu T}{n}+\sigma\sqrt{\frac{(1-q)T}{nq}},\ y=\frac{\mu T}{n}-\sigma\sqrt{\frac{qT}{n(1-q)}} \quad (4-20)$$

由于$\{Y_t\}$是相互独立的随机变量序列,且$nE(Y_t)=\mu T$,$n\mathrm{Var}(Y_t)=\sigma^2 T$,由中心极限定理可知:

$$\lim_{n\to+\infty}P\left(\frac{Y_1+Y_2+\cdots+Y_n-\mu T}{\sqrt{\sigma^2 T}}\leqslant z\right)=P\left(\frac{\ln\frac{S(T)}{S(0)}-\mu T}{\sqrt{\sigma^2 T}}\leqslant z\right)$$

$$=\int_{-\infty}^{z}\frac{1}{\sqrt{2\pi}}e^{-\frac{s^2}{2}}\mathrm{d}s$$

于是 $\ln\frac{S(T)}{S(0)}$ 服从均值为 μT、方差为 $\sigma^2 T$ 的正态分布,从而 $\ln\frac{S(T)}{S(0)}\sim N(\mu T,\sigma^2 T)$。

设连续模型所对应的债券的单位时间的收益率为 r,对时间区间$[0,T]$进行 n 等分,则单周期离散模型的债券利率为:

$$(1+r)^{\frac{T}{n}}-1=e^{\frac{T}{n}\ln(1+r)}-1 \quad (4-21)$$

由式(4-14)、式(4-20)、$x=\ln u$ 与 $y=\ln d$ 可知

$$p_n=\frac{e^{\frac{T}{n}\ln(1+r)}-e^{\frac{\mu T}{n}-\sigma\sqrt{\frac{qT}{n(1-q)}}}}{e^{\frac{\mu T}{n}+\sigma\sqrt{\frac{(1-q)T}{nq}}}-e^{\frac{\mu T}{n}-\sigma\sqrt{\frac{qT}{n(1-q)}}}}=\frac{e^{\frac{T}{n}[\ln(1+r)-\mu]}-e^{-\sigma\sqrt{\frac{qT}{n(1-q)}}}}{e^{\sigma\sqrt{\frac{(1-q)T}{nq}}}-e^{-\sigma\sqrt{\frac{qT}{n(1-q)}}}}$$

进而由洛必达法则可得

$$\lim_{n\to+\infty} p_n = q$$

对于 n 周期模型,对于 $t(t=1,2,\cdots,n)$ 相应地有:

$$Y_t(n) = \ln X_t(n) = \begin{cases} x, & \text{以概率 } p_n, \\ y, & \text{以概率 } 1-p_n \end{cases}$$

由 $\{Y_t(n)\}$ 是相互独立的随机变量序列以及式(4-20),可以得到:

$$\lim_{n\to+\infty} E(D_n) = \lim_{n\to+\infty} n[x p_n + y(1-p_n)] = \left[\ln(1+r) - \frac{\sigma^2}{2}\right]T$$

$$\lim_{n\to+\infty} \mathrm{Var}(D_n) = \lim_{n\to+\infty} n p_n(1-p_n)(x-y)^2 = \sigma^2 T$$

由中心极限定理可得:

$$\lim_{n\to+\infty} P\left[\frac{D_n - n[x p_n + y(1-p_n)]}{\sqrt{n p_n(1-p_n)(x-y)^2}} \leqslant z\right] = P\left[\frac{\ln\frac{S(T)}{S(0)} - \left[\ln(1+r) - \frac{\sigma^2}{2}\right]T}{\sigma\sqrt{T}} \leqslant z\right]$$

$$= \int_{-\infty}^{z} \frac{1}{\sqrt{2\pi}} e^{-\frac{s^2}{2}} ds$$

从而

$$\ln\frac{S(T)}{S(0)} \sim N\left(\left[\ln(1+r) - \frac{\sigma^2}{2}\right]T, \sigma^2 T\right)$$

进而根据 $Y_t(n)$ 的定义和式(4-18),连续时间买入期权价格为:

$$C = \frac{1}{(1+r)^T} E_P\left[(S e^{\ln\frac{S_T}{S}} - K)^+\right] \tag{4-22}$$

通过对式(4-22)的计算,可以得到 Black-Scholes 期权定价公式:

$$C = S\Phi(d) - \frac{K}{(1+r)^T}\Phi(d-\sigma\sqrt{T}), \quad d = \frac{\ln\frac{S(1+r)^T}{K}}{\sigma\sqrt{T}} + \frac{\sigma\sqrt{T}}{2}$$

$$(4-23)$$

式中,$\Phi(\cdot)$ 为标准正态分布函数。

下面根据式(4-22)推导式(4-23)。

由 $\ln\frac{S(T)}{S(0)} \sim N\left(\left[\ln(1+r) - \frac{\sigma^2}{2}\right]T, \sigma^2 T\right)$ 可知:

$$C = \frac{1}{(1+r)^T} \int_{-\infty}^{+\infty} (Se^x - K)^+ \frac{1}{\sqrt{2\pi T}\sigma} e^{-\frac{\{x-[\ln(1+r)-\sigma^2/2]T\}^2}{2\sigma^2 T}} dx$$

$$= \frac{1}{(1+r)^T} \int_{\ln(K/S)}^{+\infty} (Se^x - K) \frac{1}{\sqrt{2\pi T}\sigma} e^{-\frac{\{x-[\ln(1+r)-\sigma^2/2]T\}^2}{2\sigma^2 T}} dx \quad (4-24)$$

$$= \frac{S}{(1+r)^T} \int_{-\ln(S/K)}^{+\infty} e^x \frac{1}{\sqrt{2\pi T}\sigma} e^{-\frac{\{x-[\ln(1+r)-\sigma^2/2]T\}^2}{2\sigma^2 T}} dx -$$

$$\frac{K}{(1+r)^T} \int_{-\ln(S/K)}^{+\infty} \frac{1}{\sqrt{2\pi T}\sigma} e^{-\frac{\{x-[\ln(1+r)-\sigma^2/2]T\}^2}{2\sigma^2 T}} dx$$

首先，对式(4-24)最后等式的第二项积分进行变量替换

$$y = \frac{x - [\ln(1+r) - \sigma^2/2]T}{\sigma\sqrt{T}}$$

则有

$$\int_{-d+\sigma\sqrt{T}}^{+\infty} \frac{1}{\sqrt{2\pi}} e^{-\frac{y^2}{2}} dy = \int_{-\infty}^{d-\sigma\sqrt{T}} \frac{1}{\sqrt{2\pi}} e^{-\frac{y^2}{2}} dy = \Phi(d - \sigma\sqrt{T})$$

其中，

$$d = \frac{\ln\frac{S(1+r)^T}{K}}{\sigma\sqrt{T}} + \frac{\sigma\sqrt{T}}{2}$$

其次，对式(4-24)最后等式的第一项积分可考虑为：

$$e^{x - \frac{\{x-[\ln(1+r)-\sigma^2/2]T\}^2}{2\sigma^2 T}} = e^{-\frac{\{x-[\ln(1+r)+\sigma^2/2]T\}^2}{2\sigma^2 T} + T\ln(1+r)} = (1+r)^T e^{-\frac{\{x-[\ln(1+r)+\sigma^2/2]T\}^2}{2\sigma^2 T}}$$

进一步进行如下变量替换：

$$y = \frac{x - [\ln(1+r) + \sigma^2/2]T}{\sigma\sqrt{T}}$$

则式(4-24)最后等式的第一项积分为

$$\int_{-d}^{+\infty} (1+r)^T \cdot \frac{1}{\sqrt{2\pi}} e^{-\frac{y^2}{2}} dy = \int_{-\infty}^{d} (1+r)^T \frac{1}{\sqrt{2\pi}} e^{-\frac{y^2}{2}} dy = (1+r)^T \Phi(d)$$

综合以上分析，式(4-23)显然成立。

习题 4

1. 设齐次 Markov 链 $X_n(n \geqslant 0)$ 的状态空间为 $\{1,2,3\}$,一步转移概率矩阵为

$$\boldsymbol{P} = \begin{pmatrix} 0.5 & 0.5 & 0 \\ 0 & 0.5 & 0.5 \\ 0.5 & 0 & 0.5 \end{pmatrix}$$

已知 $X_0 = 3$,试求:

(1) 三步转移概率矩阵;

(2) 经过三步转移后处于状态 2 的概率。

2. 设齐次 Markov 链 $X_n(n \geqslant 0)$ 的状态空间为 $\{0,1,2\}$,一步转移概率矩阵为

$$\boldsymbol{P} = \begin{pmatrix} 0.1 & 0.2 & 0.7 \\ 0.9 & 0.1 & 0 \\ 0.1 & 0.8 & 0.1 \end{pmatrix}$$

初始分布为 $p_0 = 0.3, p_1 = 0.4, p_2 = 0.3$,试求概率:

(1) $P(X_0 = 1, X_1 = 0, X_2 = 2)$;

(2) $P(X_1 = 2, X_2 = 1)$。

3. 设齐次 Markov 链 $X_n(n \geqslant 0)$ 的状态空间为 $\{0,1,2,3\}$,一步转移概率矩阵为

$$\boldsymbol{P} = \begin{pmatrix} \frac{1}{2} & \frac{1}{2} & 0 & 0 \\ 1 & 0 & 0 & 0 \\ 0 & \frac{1}{3} & \frac{2}{3} & 0 \\ \frac{1}{2} & 0 & \frac{1}{2} & 0 \end{pmatrix}$$

试分析各个状态,并求相应的平稳分布。

4. 设齐次 Markov 链 $X_n(n \geqslant 0)$ 的状态空间为 $\{1,2,3\}$,一步转移概率矩阵为

$$\boldsymbol{P} = \begin{pmatrix} p_1 & q_1 & 0 \\ 0 & p_2 & q_2 \\ q_3 & 0 & p_3 \end{pmatrix} \quad (p_i + q_i = 1, i = 1, 2, 3)$$

试求 $f_{11}^{(n)}, f_{12}^{(n)} (n=1,2,3)$,并说明状态是否具有周期性。

5. 股票当前的价格为 20 元,3 个月后股价可能涨到 22 元,也可能跌到 18 元。3 个月后到期的该股票欧式看跌期权的执行价格为 21 元,假设无风险年利率为 4%。试求该期权的当前价格。

6. 股票当前的价格为 100 元,每期的时间跨度为 1 年。未来每期结束时股票价格要么上涨至原来的 1.1 倍,要么下跌至原来的 $\dfrac{9}{10}$。假设期权到期日还有 2 年,无风险年利率为 5%。试求执行价格为 105 元的欧式看涨期权的当前价格。

第 5 章
Brown 运动及其在金融中的应用

前面介绍了离散时间 Markov 链与连续时间 Markov 链,其中离散时间 Markov 链的状态和时间均是离散的;连续时间 Markov 链的状态是离散的,而时间是连续的。实际上还有一类满足马氏性,并且时间和状态均连续的随机过程,称为 Markov 过程。其中,最具代表性的是 Brown 运动,其在金融工程与高能物理等领域被广泛应用。英国生物学家 Robert Brown 于 1928 年首先观察到花粉颗粒浮于液体内不规则运动的物理现象,这种运动称为 Brown 运动。Norbert Wiener 在 1923 年研究了 Brown 运动的数学理论,并对其进行了严格的定义。因此,Brown 运动也称为 Wiener 过程。本章主要介绍 Brown 运动的定义与相关性质,同时介绍其在金融领域中一些典型的应用。

5.1 | Brown 运动的定义

【定义 5-1】 (Brown 运动)设 $\{X(t), t \geq 0\}$ 为随机过程,若满足:

(1) $X(0) = 0$;

(2) $\{X(t), t \geq 0\}$ 为平稳独立增量过程;

(3) 对任意的 $t > 0$, $X(t) \sim N(0, c^2 t)$;

则称随机过程 $\{X(t), t \geq 0\}$ 为 Brown 运动,也称为 Wiener 过程。当 $c = 1$ 时,称为标准 Brown 运动。

第5章 Brown运动及其在金融中的应用

注1:因为$\{X(t)/c, t \geq 0\}$是标准Brown运动,所以一般只研究标准Brown运动即可。如无特别说明,后面涉及的Brown运动均为标准Brown运动。

注2:对比Poisson过程的定义,除了Poisson过程要求是计数过程之外,两者间差异体现在增量服从的分布函数不同,Poisson过程的是Poisson分布,而Brown运动的是正态分布。

【例5-1】 (Brown运动与直线上随机游动)设一粒子在直线上随机游动,即粒子每隔Δt时间,等概率地向左或向右移动Δx的距离。以$X(t)$表示t时刻粒子的位置,则

$$X(t) = \Delta x(X_1 + \cdots + X_{[t/\Delta t]}) \quad (5-1)$$

式中,若第i步向右移动,则$X_i = 1$,否则$X_i = -1$;$[t/\Delta t]$表示$t/\Delta t$的整数部分。同时,假设$\{X_i\}$为独立同分布的随机变量序列,于是:

$$P(X_i = 1) = P(X_i = -1) = 0.5, E(X_i) = 0, D(X_i) = 1$$

根据式(5-1)可得:

$$E[X(t)] = 0, D_X(t) = (\Delta x)^2 [t/\Delta t] \quad (5-2)$$

令$\Delta x = c\sqrt{\Delta t}$,其中$c$为正常数,则当$\Delta t \to 0$时,由式(5-2)可知:

$$E[X(t)] = 0, D_X(t) \to c^2 t$$

$X(t)$可以看作独立同分布随机变量之和,因此其是独立增量过程。同时由中心极限定理可知:$X(t)$趋向于正态分布,同时$X(t)$在任意区间中位置变化的分布只依赖于区间的长度,即$X(t)$为平稳增量过程。因此,简单随机游动的极限描述了直线上质点的一种运动,即一维Brown运动。

【定理5-1】 设$\{X(t), t \geq 0\}$为Brown运动,对任意的$0 < t_1 < t_2 < \cdots < t_n$,$X(t_1), X(t_2), \cdots, X(t_n)$的联合密度函数为:

$$f_X(t_1, \cdots, t_n; x_1, \cdots, x_n) = \prod_{i=1}^{n} \frac{1}{\sqrt{2\pi(t_i - t_{i-1})}} e^{-\frac{(x_i - x_{i-1})^2}{2(t_i - t_{i-1})}},$$

其中，$t_0=0, x_0=0$。

证明：令 $Y_i = X(t_i) - X(t_{i-1})$，$1 \leqslant i \leqslant n$，则 Y_i 服从正态分布，且其密度函数为 $\dfrac{1}{\sqrt{2\pi(t_i - t_{i-1})}} e^{-\frac{y_i^2}{2(t_i - t_{i-1})}}$。由于 Brown 运动是独立增量过程，因此 $\{Y_i\}$ 为相互独立的随机变量序列，其联合密度函数为：

$$\prod_{i=1}^{n} \frac{1}{\sqrt{2\pi(t_i - t_{i-1})}} e^{-\frac{y_i^2}{2(t_i - t_{i-1})}}$$

根据第 1 章性质 1-1，可得 $X(t_1), X(t_2), \cdots, X(t_n)$ 的联合密度函数为：

$$f_X(t_1, \cdots, t_n; x_1, \cdots, x_n)$$

$$= \prod_{i=1}^{n} \frac{1}{\sqrt{2\pi(t_i - t_{i-1})}} e^{-\frac{(x_i - x_{i-1})^2}{2(t_i - t_{i-1})}} \begin{vmatrix} 1 & 0 & 0 & \cdots & \cdots & 0 \\ -1 & 1 & 0 & \cdots & \cdots & 0 \\ 0 & -1 & 1 & \cdots & \cdots & 0 \\ \vdots & \vdots & \vdots & & & \vdots \\ 0 & 0 & 0 & \cdots & -1 & 1 \end{vmatrix}$$

$$= \prod_{i=1}^{n} \frac{1}{\sqrt{2\pi(t_i - t_{i-1})}} e^{-\frac{(x_i - x_{i-1})^2}{2(t_i - t_{i-1})}}$$

随机过程 $\{X(t), t \geqslant 0\}$ 称为高斯过程或正态过程，若对一切 $0 \leqslant t_1 < t_2 < \cdots < t_n$，$(X(t_1), X(t_2), \cdots, X(t_n))$ 服从多元正态分布。由定理 5-1 可知，Brown 运动是高斯过程。

【例 5-2】 设 $\{X(t), t \geqslant 0\}$ 为 Brown 运动，$X(t) \sim N(0, c^2 t)$，计算其均值函数、方差函数与协方差函数。

解：根据 Brown 运动的定义，显然 $m_X(t) = 0$，$D_X(t) = c^2 t$。由于 Brown 运动是独立增量过程，类似例 2-6，可知其协方差函数 $C_X(t) = c^2 \min\{t, s\}$。

【例 5-3】 设 $\{X(t), t \geqslant 0\}$ 为 Brown 运动，$0 < s < t$，求 $X(s) + X(t)$ 的均值与方差。

解：根据期望的线性性质可知：

$$E[X(s)+X(t)] = E[X(s)] + E[X(t)] = 0$$

根据 Brown 运动的独立增量性质可知：

$$\begin{aligned} \operatorname{Var}[X(s)+X(t)] &= \operatorname{Var}[2X(s)+X(t)-X(s)] \\ &= \operatorname{Var}[2X(s)] + \operatorname{Var}[X(t)-X(s)] \\ &= 4s+t-s \\ &= 3s+t \end{aligned}$$

5.2 | Brown 运动的性质

【性质 5-1】 Brown 运动是一 Markov 过程。

证明： 由 Brown 运动是独立增量过程，可知在 s 时刻与 $(t+s)$ 时刻之间的变化与过程在 s 时刻之前的值是独立的。因此

$$\begin{aligned} &P(X(t+s) \leqslant a \mid X(s)=x, X(u), 0 \leqslant u < s) \\ &= P(X(t+s)-X(s) \leqslant a-x \mid X(s)=x, X(u), 0 \leqslant u < s) \\ &= P(X(t+s)-X(s) \leqslant a-x \mid X(s)=x) \\ &= P(X(t+s) \leqslant a \mid X(s)=x) \end{aligned}$$

这意味着在现在条件下，过程将来的状态与过去是独立的。因此，Brown 运动具有马氏性，即为 Markov 过程。

注意到，Brown 运动的状态空间不是离散状态空间，此处不是采用连续 Markov 链的定义，而是一般 Markov 过程的定义。

【性质 5-2】 （平移不变性）若 $\{X(t), t \geqslant 0\}$ 为 Brown 运动，则 $\{X(t+a)-X(a), t \geqslant 0\}$ （a 为非负常数）也是 Brown 运动。

【性质 5-3】 （尺度不变性）若 $\{X(t), t \geqslant 0\}$ 为 Brown 运动，则 $\left\{\dfrac{X(ct)}{\sqrt{c}}, t \geqslant 0\right\}$ （c 为正常数）也是 Brown 运动。

【性质 5-4】 （对称性）若 $\{X(t), t \geqslant 0\}$ 为 Brown 运动，则给定初始

条件 $X(t_0)=x_0$,对于任意的 $t>0$,Brown 运动在 $(t+t_0)$ 时刻的位置高于或低于初始位置的概率相等。这种性质称为 Brown 运动的对称性。

证明：
$$P(X(t_0+t) \leqslant x \mid X(t_0)=x_0)$$
$$= P(X(t_0+t) - X(t_0) \leqslant x - x_0 \mid X(t_0)=x_0)$$
$$= P(X(t_0+t) - X(t_0) \leqslant x - x_0)$$
$$= \int_{-\infty}^{x-x_0} \frac{1}{\sqrt{2\pi t}} e^{-\frac{y^2}{2t}} dy$$

于是，在 $X(t_0)=x_0$ 的条件下，$X(t_0+t)$ 的密度函数为 $\frac{1}{\sqrt{2\pi t}} e^{-\frac{(x-x_0)^2}{2t}}$。显然有：

$$P(X(t_0+t) > x_0 \mid X(t_0)=x_0) = \int_{x_0}^{+\infty} \frac{1}{\sqrt{2\pi t}} e^{-\frac{(x-x_0)^2}{2t}} dx = \frac{1}{2}$$
$$= P(X(t_0+t) \leqslant x_0 \mid X(t_0)=x_0)$$

5.3 | Brown 运动的首中时与最大值

5.3.1 Brown 运动的首中时

对于常数 a,Brown 运动 $\{X(t), t \geqslant 0\}$ 首次到达位置 a 的时刻 T_a 称为首中时，即

$$T_a = \min\{t : X(t) = a, t > 0\}$$

首中时为随机变量，下面我们首先分析其分布函数。

当 $a > 0$ 时，有：

$$P(X(t) \geqslant a) = P(X(t) \geqslant a \mid T_a \leqslant t) P(T_a \leqslant t) + P(X(t) \geqslant a \mid T_a > t) P(T_a > t)$$

$$(5-3)$$

若 $T_a \leqslant t$,则过程在 $[0,t]$ 中的某个时刻击中 a。由 Brown 运动的对称性可知，在 t 时刻 $X(t)$ 在 a 之上或在 a 之下是等可能的，于是：

$$P(X(t)\geqslant a\mid T_a\leqslant t)=\frac{1}{2}$$

由于 $X(0)=0$,Brown 运动是连续的,因此 $X(t)\geqslant a$ 必然意味着在 t 时刻之前过程到达了位置 a,即 $T_a\leqslant t$,于是 $P(X(t)\geqslant a\mid T_a>t)=0$。所以由式(5-3)可知:

$$\begin{aligned}P(T_a\leqslant t)&=2P(X(t)\geqslant a)\\&=\frac{2}{\sqrt{2\pi t}}\int_a^{+\infty}\mathrm{e}^{-\frac{u^2}{2t}}\mathrm{d}u\\&=\frac{2}{\sqrt{2\pi}}\int_{\frac{a}{\sqrt{t}}}^{+\infty}\mathrm{e}^{-\frac{x^2}{2}}\mathrm{d}x\end{aligned}$$

当 $a<0$ 时,由 Brown 运动的对称性与连续性可知:

$$P(X(t)<a\mid T_a<t)=\frac{1}{2},P(X(t)<a,T_a<t)=P(X(t)<a)$$

于是

$$P(X(t)<a\mid T_a<t)=\frac{P(X(t)<a,T_a<t)}{P(T_a<t)}=\frac{P(X(t)<a)}{P(T_a<t)}=\frac{1}{2}$$

所以

$$\begin{aligned}P(T_a<t)&=2P(X(t)<a)\\&=2\int_{-\infty}^{\frac{a}{\sqrt{t}}}\frac{1}{\sqrt{2\pi}}\mathrm{e}^{-\frac{x^2}{2}}\mathrm{d}x\\&=2\int_{-\frac{a}{\sqrt{t}}}^{+\infty}\frac{1}{\sqrt{2\pi}}\mathrm{e}^{-\frac{x^2}{2}}\mathrm{d}x\end{aligned}$$

综上分析,对于任意的 a,可得首中时的分布函数如下:

$$F_{T_a}=P(T_a\leqslant t)=\frac{2}{\sqrt{2\pi}}\int_{\frac{|a|}{\sqrt{t}}}^{+\infty}\mathrm{e}^{-\frac{x^2}{2}}\mathrm{d}x$$

相应的密度函数如下:

$$f_{T_a}(t)=\frac{|a|}{\sqrt{2\pi t^3}}\mathrm{e}^{-\frac{a^2}{2t}},t>0$$

进一步可得:

$$P(T_a<+\infty)=\lim_{t\to+\infty}P(T_a<t)=\frac{2}{\sqrt{2\pi}}\int_0^{+\infty}e^{-\frac{x^2}{2}}dx=1$$

由此可见,对于任意的位置 a,Brown 运动均能以概率 1 到达。

对于非负值随机变量 X,有

$$E(X)=\int_0^{+\infty}P(X>x)dx$$

因此,

$$\begin{aligned}
E(T_a)&=\int_0^{+\infty}P(T_a>t)dt\\
&=\int_0^{+\infty}\left(1-\frac{2}{\sqrt{2\pi}}\int_{\frac{|a|}{\sqrt{t}}}^{+\infty}e^{-\frac{x^2}{2}}dx\right)dt\\
&=\int_0^{+\infty}\left(\frac{2}{\sqrt{2\pi}}\int_0^{\frac{|a|}{\sqrt{t}}}e^{-\frac{x^2}{2}}dx\right)dt\\
&=\frac{2}{\sqrt{2\pi}}\int_0^{+\infty}\left(\int_0^{\frac{a^2}{x^2}}dt\right)e^{-\frac{x^2}{2}}dx\\
&=\frac{2a^2}{\sqrt{2\pi}}\int_0^{+\infty}\frac{1}{x^2}e^{-\frac{x^2}{2}}dx\\
&\geq\frac{2a^2}{\sqrt{2\pi}}\int_0^1\frac{1}{x^2}e^{-\frac{x^2}{2}}dx\\
&\geq\frac{2a^2}{\sqrt{2\pi}}e^{-\frac{1}{2}}\int_0^1\frac{1}{x^2}dx\\
&=+\infty
\end{aligned}$$

由此可见,首中时虽然以概率 1 有限,但有无穷的期望。也就是 Brown 运动以概率 1 迟早击中 a,但它的平均时间是无穷大。

将上述首中时的性质总结如下:

【定理 5-2】 T_a 表示 Brown 运动首次到达位置 a 的时刻,则以下性质成立:

(1) T_a 的分布函数与密度函数分别为:

$$F_{T_a}=\frac{2}{\sqrt{2\pi}}\int_{\frac{|a|}{\sqrt{t}}}^{+\infty}e^{-\frac{x^2}{2}}dx,\quad f_{T_a}(t)=\frac{|a|}{\sqrt{2\pi t^3}}e^{-\frac{a^2}{2t}},t>0$$

(2) $P(T_a < +\infty) = 1$；

(3) $E(T_a) = +\infty$。

Brown 运动的首中时在金融领域中具有广泛的应用。例如在期权中，美式期权是非常重要的类型。与欧式期权不同的是，美式期权可以在到期前的任意时刻提前行使权利。美式期权提前行使权利的具体时间取决于期权标的资产的随机变动情况，因此可将提前行使权利的时间看作上面介绍的首中时。另外，障碍期权在未来标的资产达到一定水平（障碍价格）时生效或失效，因此可将障碍期权的生效或失效的时间看作首中时。

5.3.2 Brown 运动的最大值

对于任意的 $t>0$，令

$$M(t) = \max_{0 \leqslant s \leqslant t} X(s)$$

则称其为 Brown 运动 $X(t)$ 在 $[0,t]$ 上的最大值。

由 Brown 运动的连续性，可知当 $a \geqslant 0$ 时，存在下述事件的等价关系：

$$\{M(t) \geqslant a\} = \{T_a \leqslant t\}$$

于是当 $a \geqslant 0$ 时，有

$$P(M(t) \geqslant a) = P(T_a \leqslant t) = 2\int_{\frac{a}{\sqrt{t}}}^{+\infty} \frac{1}{\sqrt{2\pi}} e^{-\frac{x^2}{2}} dx$$

注意到 $X(0)=0$，故 $M(t) \geqslant 0$。因此，当 $a<0$ 时，$P(M(t) \leqslant a)=0$。于是可得 Brown 运动的最大值的密度函数如下：

$$f_{M(t)}(a) = \begin{cases} \dfrac{2}{\sqrt{2\pi t}} e^{-\frac{a^2}{2t}}, & a \geqslant 0, \\ 0, & a < 0 \end{cases}$$

类似于 Brown 运动的首中时，Brown 运动的最大值在金融领域中亦有广泛的应用。在奇异期权中，回望期权在未来到期日，其回报数额的计

算不是依据期权的执行价格和到期日标的资产的价格。看涨回望期权的回报数额是根据期权的执行价格和期间内标的资产价格的最高值计算确定的;看跌回望期权的回报数额是根据到期日标的资产价格和期间内标的资产价格的最低值计算确定的。对于回望期权的定价,需要用到Brown 运动最大值的相关性质。

5.4 | Brown 运动的扩展

5.4.1 带有漂移的 Brown 运动

【定义 5-2】 设 $\{X(t), t \geq 0\}$ 为随机过程,若满足:

(1) $X(0) = 0$;

(2) $\{X(t), t \geq 0\}$ 为平稳独立增量过程;

(3) 对任意的 $t > 0$, $X(t) \sim N(\mu t, c^2 t)$;

则称随机过程 $\{X(t), t \geq 0\}$ 是漂移系数为 μ 的 Brown 运动。其中, μ 和 c 为常数。

显然,漂移系数为 μ 的 Brown 运动可以表示为 $X(t) = Y(t) + \mu t$,其中 $Y(t)$ 为普通的 Brown 运动。任一带有漂移的 Brown 运动都可通过变换 $Y(t) = X(t) - \mu t$ 转化为普通的 Brown 运动。

由例 5-1 知,一个质点在直线上做对称的随机游动的极限为一维的 Brown 运动。类似地可以证明,一个质点在直线上做非对称的随机游动的极限为一维的带有漂移的 Brown 运动。

5.4.2 几何 Brown 运动

【定义 5-3】 (几何 Brown 运动)设 $\{B(t), t \geq 0\}$ 为标准 Brown 运动,令 $Z(t) = Z(0) e^{\mu t + \sigma B(t)}$, $Z(0)$ 为给定的初始值,则称随机过程 $\{X(t),$

$t \geq 0\}$ 为几何 Brown 运动。

可见 $\dfrac{Z(t)}{Z(0)}$ 是带有漂移的 Brown 运动的指数形式,但其不是正态过程。

根据结论,若 $Y \sim N(\mu,\sigma^2)$,则 $E(e^Y)=e^{\mu+\frac{\sigma^2}{2}}$,$\text{Var}(e^Y)=e^{2\mu+\sigma^2}(e^{\sigma^2}-1)$。我们可以得到几何 Brown 运动的均值函数、方差函数和协方差函数($t>s$):

(1) 均值函数:$m_X(t)=Z(0)e^{(\mu+\frac{\sigma^2}{2})t}$。

(2) 方差函数:$D_X(t)=Z_{(0)}^2 e^{(2\mu+\sigma^2)t}(e^{\sigma^2 t}-1)$。

(3) 协方差函数:$C_X(t,s)=Z_{(0)}^2 e^{(\mu+\frac{\sigma^2}{2})(s+t)}(e^{\sigma^2 s}-1)$。

对于几何 Brown 运动的协方差函数,利用 Brown 运动的独立增量性质可得,具体如下:

$$\begin{aligned}
C_X(t,s) &= E[X(t)X(s)] - E[X(t)]E[X(s)] \\
&= Z_{(0)}^2 e^{\mu(s+t)} E[e^{\sigma(B(t)+B(s))}] - Z_{(0)}^2 e^{(\mu+\frac{\sigma^2}{2})(s+t)} \\
&= Z_{(0)}^2 e^{\mu(s+t)} E[e^{\sigma(B(t)-B(s)+2B(s))}] - Z_{(0)}^2 e^{(\mu+\frac{\sigma^2}{2})(s+t)} \\
&= Z_{(0)}^2 e^{\mu(s+t)} E[e^{\sigma(B(t)-B(s))}] E[e^{2\sigma B(s)}] - Z_{(0)}^2 e^{(\mu+\frac{\sigma^2}{2})(s+t)} \\
&= Z_{(0)}^2 e^{\mu(s+t)} E[e^{\sigma B(t-s)}] E[e^{2\sigma B(s)}] - Z_{(0)}^2 e^{(\mu+\frac{\sigma^2}{2})(s+t)} \\
&= Z_{(0)}^2 e^{(\mu+\frac{\sigma^2}{2})(s+t)} (e^{\sigma^2 s}-1)
\end{aligned}$$

1900 年 Louis Bachelier 在其博士论文中采用 Brown 运动建立了股票和商品价格波动模型,但是存在一些缺陷,如:(1) Brown 运动意味着股票价格是一个正态随机变量,在理论上可以取负值,但这与实际是不符的。(2) Brown 运动意味着股票价格变化是平稳增量过程,因此固定时间长度的价格差具有相同的正态分布。这个假设不太合理,如一只股票从 30 元跌到 20 元以下的概率一般不会与另一只股票在相同时间内从 20 元跌到 10 元以下的概率相同。几何 Brown 运动可以克服上述 Brown

运动的不足,因而被广泛应用于资产价格建模中,如著名的 Black-Scholes 期权定价模型中就假设标的资产价格服从几何 Brown 运动。下面说明采用几何 Brown 运动描述资产价格变化的合理性。

用 Δ 表示一个充分小的时间间隔,假设在每个 Δ 时间间隔内,证券的价格或者以概率 p 上涨 u 倍,或者以概率 $(1-p)$ 下跌 d 倍。采用随机变量 Y_i 刻画在第 $i\Delta$ 时间间隔证券价格的变化情况,若价格上升,则 $Y_i = 1$,否则 $Y_i = 0$。于是,在 $n\Delta$ 时刻的证券价格可以表示为:

$$S(n\Delta) = S(0) u^{\sum_{i=1}^{n} Y_i} d^{n - \sum_{i=1}^{n} Y_i} = d^n S(0) \left(\frac{u}{d}\right)^{\sum_{i=1}^{n} Y_i}$$

记 $n\Delta = t$,则有

$$\frac{S(t)}{S(0)} = d^{t/\Delta} \left(\frac{u}{d}\right)^{\sum_{i=1}^{t/\Delta} Y_i}$$

令 $u = e^{\sigma\sqrt{\Delta}}, d = e^{-\sigma\sqrt{\Delta}}, p = \frac{1}{2}\left(1 + \frac{\mu}{\sigma}\sqrt{\Delta}\right)$,上式两边取对数得

$$\ln \frac{S(t)}{S(0)} = \frac{t}{\Delta} \ln d + \sum_{i=1}^{t/\Delta} Y_i \ln \frac{u}{d} = \frac{-t\sigma}{\sqrt{\Delta}} + 2\sigma\sqrt{\Delta} \sum_{i=1}^{t/\Delta} Y_i$$

假设在每个时间间隔证券价格变化是独立的,则随着 Δ 取得越来越小,和式 $\sum_{i=1}^{t/\Delta} Y_i$ 越来越接近正态随机变量,于是 $\ln(S(t)/S(0))$ 也越来越接近一个正态随机变量,而且期望与方差如下:

$$E\left(\ln \frac{S(t)}{S(0)}\right) = \frac{-t\sigma}{\sqrt{\Delta}} + 2\sigma\sqrt{\Delta} \sum_{i=1}^{t/\Delta} E(Y_i) = \frac{-t\sigma}{\sqrt{\Delta}} + 2\sigma\sqrt{\Delta} \cdot \frac{t}{\Delta} \cdot p = \mu t$$

$$\mathrm{Var}\left(\ln \frac{S(t)}{S(0)}\right) = 4\sigma^2 \Delta \sum_{i=1}^{t/\Delta} D(Y_i) = 4\sigma^2 \Delta \cdot \frac{t}{\Delta} \cdot p \cdot (1-p) \xrightarrow{\Delta \to 0} \sigma^2 t$$

每个时间间隔证券价格的变化是独立的,使得 $\left\{\ln \frac{S(t)}{S(0)}, t \geqslant 0\right\}$ 为独立平稳增量过程。显然,$\left\{\ln \frac{S(t)}{S(0)}, t \geqslant 0\right\}$ 趋近于一个带有漂移的 Brown 运动。于是随着 Δ 取得越来越小,证券价格变化过程趋近于几何 Brown

运动。

【例 5-3】 设 $X(t) \sim N(\mu t, \sigma^2 t)$,某股票在 0 时刻的价格为 S,在 T 时刻的价格为 $Se^{X(T)}$,计算在 T 时间段内股票的期望收益率与波动率。

解:
$$E\left(\frac{Se^{X(T)}-S}{S}\right) = e^{(\mu+\frac{\sigma^2}{2})T} - 1$$

$$\sqrt{D\left(\frac{Se^{X(T)}-S}{S}\right)} = \sqrt{D(e^{X(T)})} = e^{(\mu+\sigma^2/2)T}\sqrt{e^{\sigma^2 T}-1}$$

【例 5-4】 假设某投资者持有执行价格为 K 和到期日为 T 的欧式看涨期权,标的资产当前价格为 $S(0)=S$,且标的资产价格服从几何 Brown 运动,试求该期权的期望价值。

解: 设标的资产价格为 $S(t)$,为简单起见,令 $S(t)=S(0)e^{B(t)}$,则期权的期望价值为:

$$E[\max\{S(T)-K,0\} | S(0)=S] = \int_0^{+\infty} P(S(T)-K>x)dx$$

$$= \int_0^{+\infty} P(Se^{B(T)}-K>x)dx$$

$$= \int_0^{+\infty} P\left(B(T) > \ln\frac{K+x}{S}\right)dx$$

$$= \frac{1}{\sqrt{2\pi T}} \int_0^{+\infty} \int_{\ln\frac{K+x}{S}}^{+\infty} e^{-\frac{y^2}{2T}} dy dx$$

5.5 信用风险度量模型

5.5.1 结构化模型

信用风险结构化模型源于 Black、Scholes 以及 Merton 的研究。与信用风险简约化模型不同,信用风险结构化模型是以资产负债表所示的偿债能力为基础的,当资产与负债相比太小的时候就发生了违约。信用风险结构化模型假设一旦公司的资产价值低于某一边界时就会发生违约,通常以负债的账面价值为标准。

假设公司资产价值为随机过程$\{V_t, t\geq 0\}$,在结构化模型中通常被假设为几何 Brown 运动,具体如下:

$$V_t = V_0 e^{(\mu - \frac{1}{2}\sigma^2)t + \sigma B_t}$$

式中,B_t 为标准 Brown 运动;μ 为公司资产价值的预期收益率;σ 为公司资产价值的波动率。假设现在时刻为 t,公司债务规模为 D,债务到期日为 $T(T>t)$。由于公司资产价值服从几何 Brown 运动,显然可知:

$$\ln V_T - \ln V_t \sim N\left(\left(\mu - \frac{1}{2}\sigma^2\right)(T-t), \sigma^2(T-t)\right)$$

假设公司在债务到期日才有可能发生违约,于是可得公司的违约概率为:

$$P(V_T < D)$$

$$= P\left[\frac{\ln V_T - \ln V_t - \left(\mu - \frac{1}{2}\sigma^2\right)(T-t)}{\sigma\sqrt{T-t}} < \frac{\ln D - \ln V_t - \left(\mu - \frac{1}{2}\sigma^2\right)(T-t)}{\sigma\sqrt{T-t}}\right]$$

注意到

$$\frac{\ln V_T - \ln V_t - \left(\mu - \frac{1}{2}\sigma^2\right)(T-t)}{\sigma\sqrt{T-t}} \sim N(0,1)$$

于是公司的违约概率为:

$$P(V_T < D) = \int_{-\infty}^{-DD} \frac{1}{\sqrt{2\pi}} e^{-\frac{x^2}{2}} dx = \Phi(-DD)$$

$$DD = \frac{\ln(V_t/D) + \left(\mu - \frac{1}{2}\sigma^2\right)(T-t)}{\sigma\sqrt{T-t}} \quad (5-4)$$

式中,$\Phi(\cdot)$ 是累积的标准正态分布函数,即 $\Phi(u) = \frac{1}{\sqrt{2\pi}} \int_{-\infty}^{u} e^{-\frac{x^2}{2}} dx$。此外,我们通常称 DD 为违约距离。

5.5.2 KMV 模型

KMV 信用监控模型是由美国 KMV 公司开发的,也称 KMV 模型,是现今国际上流行的并得到信用监管机构认可的几种主要信用风险管理模型之一。KMV 模型是基于上述结构化模型的原理,计算信用资产的违约概率的。KMV 模型最适合应用于上市公司,包含三个主要的内容:公司资产价值与资产价值波动率的估计、违约距离的计算、利用违约距离计算预期违约率。

1. 公司资产价值与资产价值波动率的估计

从公司股权所有者角度看,公司股权是以公司资产价值为标的的欧式看涨期权,执行价格为公司负债价值。当债务到期时,公司资产价值大于债务,公司偿还债务后股权所有者将保有资产的剩余价值(公司资产价值减去债务);反之,股权所有者保有的资产价值为 0。于是通过公司负债的账面价值和公司股票的市场价值及股价的波动性,可以估计出公司资产价值和公司资产价值波动率。

在公司资产价值服从几何 Brown 运动的假设下,根据 Black-Scholes 期权定价公式(具体可见后面第 7 章),可得:

$$E_t = V_t \Phi(d_1) - De^{-r(T-t)} \Phi(d_2) \tag{5-5}$$

$$d_1 = \frac{\ln \frac{V_t}{D} + \left(r + \frac{1}{2}\sigma_V^2\right)(T-t)}{\sigma_V \sqrt{T-t}} \tag{5-6}$$

$$d_2 = d_1 - \sigma_V \sqrt{T-t} \tag{5-7}$$

式中,E_t 为公司股权市场价值;D 为公司债务面值;V_t 为公司资产价值;σ_V 为公司资产价值波动率;t 为当前时刻;T 为公司债务到期日;r 为无风险利率。

此外,公司股权价值波动率 σ_E 与资产价值波动率 σ_V 之间存在如下关系(具体可见后面第 8 章):

$$\sigma_E = \frac{V_t}{E_t}\frac{\partial E}{\partial V}\sigma_V = \frac{V_t}{E_t}\Phi(d_1)\sigma_V \qquad (5-8)$$

注意到 $E_t, D, T-t, r$ 与 σ_E 为已知,于是通过式(5-5)～式(5-8)可以求解出 V_t 与 σ_V。

2. 违约距离的计算

在公司资产价值服从几何 Brown 运动的假设下,根据结构化模型可知,违约距离如下:

$$DD = \frac{\ln(V_t/V_{DEF}) + \left(\mu_V - \frac{1}{2}\sigma_V^2\right)(T-t)}{\sigma_V\sqrt{T-t}} \qquad (5-9)$$

式中,V_{DEF} 为 T 时刻的违约临界值;μ_V 为公司资产价值预期收益率。

在结构化模型中我们将 V_{DEF} 视为公司债务面值,但一般情况下公司负债种类很多。KMV 公司在考察几百个公司后发现,当公司资产价值降低到总债务值以下后未必违约,公司违约临界值应在短期负债和总债务值之间,并将违约临界值设定为短期负债与长期负债的一半之和。由于公司资产价值不一定服从几何 Brown 运动,公司资本结构的简化也会导致估计结果失真。因此,KMV 公司给出了一个直接计算违约距离的方法,具体如下:

$$DD = \frac{E(V_T) - V_{DEF}}{\sigma_V E(V_T)} \qquad (5-10)$$

3. 利用违约距离计算预期违约率

当假定公司资产价值服从几何 Brown 运动时,将利用式(5-9)计算的违约距离代入累积标准正态分布函数中,可以得到预期违约率为:

$$P_{EDF} = \Phi(-DD) \qquad (5-11)$$

【例 5-5】 某公司股权市值为 3 亿元,股权波动率为 0.4,每年总负债为 10 亿元,假设无风险利率为 5%,到期日 $T=1$。当公司资产预期收益率为 7% 时,计算该公司的违约概率。

解:根据题意可知:

$$E_t=3, V_{DEF}=10, T-t=1, r=0.05, \sigma_E=0.4, \mu_V=0.07$$

于是通过式(5-5)～式(5-8)可以求出：

$$V_t=12.511, \sigma_V=0.096$$

根据式(5-9)可得：

$$DD=\frac{\ln\frac{12.511}{10}+\left(0.07-\frac{0.096^2}{2}\right)}{0.096}=3$$

从而可得：

$$P_{EDF}=\Phi(-3)=0.13\%$$

5.6 含跳跃的期权定价公式

人们常用几何Brown运动描述证券价格的变化，但由于Brown运动轨道的连续性，价格不存在向上或向下的不连续跳跃，这与实际有一定的不同。在现实中，由于突发事件(战争、金融危机等)的影响，在某一时刻价格会跳跃，即价格发生剧烈震荡。因此，在几何Brown运动中加入一些随机跳跃，建立新的价格变化模型，可能更有利于研究和了解证券价格的波动。前面介绍的Poisson过程作为一具有跳跃的过程，自然被人们应用到证券价格变化建模中。

设$\{N(t), t\geq 0\}$是强度为λ的Poisson过程，其表示在$[0,t]$时间间隔内事件发生的次数。假设当第i次跳跃发生时，证券的价格变为原来价格乘J_i，其中$\{J_i, i=1,2,\cdots\}$是独立同分布的随机变量序列，而且此随机变量序列与跳跃发生的时间是相互独立的。具体而言，假设$S(t)(t\geq 0)$表示证券在t时刻的价格，且

$$S(t)=S^*(t)\prod_{i=1}^{N(t)}J_i, t\geq 0$$

式中，$S^*(t)(t\geq 0)$为与$\{J_i, i=1,2,\cdots\}$及跳跃发生的时间相互独立的几何Brown运动。

令

$$J(t) = \begin{cases} \prod_{i=1}^{N(t)} J_i, & N(t) \neq 0, \\ 1, & N(t) = 0 \end{cases}$$

下面计算 $J(t)$ 的均值与方差,由于 $\{N(t), t \geq 0\}$ 与 $\{J_i, i=1,2,\cdots\}$ 相互独立,可得:

$$\begin{aligned} E[J(t) \mid N(t) = n] &= E\left[\prod_{i=1}^{N(t)} J_i \mid N(t) = n\right] \\ &= E\left[\prod_{i=1}^{n} J_i \mid N(t) = n\right] \\ &= E\left(\prod_{i=1}^{n} J_i\right) \\ &= E(J^n) \end{aligned}$$

式中,J 与 J_i 同分布。于是

$$\begin{aligned} E[J(t)] &= \sum_{n=0}^{+\infty} E[J(t) \mid N(t) = n] P(N(t) = n) \\ &= \sum_{n=0}^{+\infty} E(J^n) e^{-\lambda t} \frac{(\lambda t)^n}{n!} \\ &= e^{\lambda t [E(J) - 1]} \end{aligned}$$

类似可得,$E[J^2(t)] = e^{\lambda t [E(J^2) - 1]}$。进而可得:

$$\text{Var}[J(t)] = e^{\lambda t [E(J^2) - 1]} - e^{2\lambda t [E(J) - 1]}$$

不妨假设,$S^*(t) = S e^{\mu t + \sigma B_t}$,其中 B_t 为标准 Brown 运动。由于 $S^*(t)$ ($t \geq 0$) 与 $\{J_i, i=1,2,\cdots\}$ 相互独立,则有

$$\begin{aligned} E[S(t)] &= E[S e^{\mu t + \sigma B_t} J(t)] \\ &= E[S e^{\mu t + \sigma B_t}] E[J(t)] \\ &= S e^{(\mu + \frac{\sigma^2}{2})t} e^{\lambda t [E(J) - 1]} \\ &= S e^{\{\mu + \frac{\sigma^2}{2} + \lambda [E(J) - 1]\} t} \end{aligned}$$

为了避免套利,令

$$\mu+\frac{\sigma^2}{2}+\lambda[E(J)-1]=r$$

式中，r 为无风险利率。于是

$$\mu=r-\frac{\sigma^2}{2}-\lambda[E(J)-1]$$

在此条件下，套利不发生，根据风险中性定价方法可知，执行价格为 K 与到期日为 T 的欧式看涨期权的价格为：

$$C(S,T,K,J)=e^{-rT}E\{\max\{S(T)-K,0\}\}$$
$$=e^{-rT}E\{\max\{SJ(T)e^{W(T)}-K,0\}\} \quad (5-12)$$

其中，

$$W(T)=\left\{r-\frac{\sigma^2}{2}-\lambda[E(J)-1]\right\}T+\sigma B_T$$

下面讨论对数正态跳跃分布，假设 $X_i=\ln J_i \sim N(\tilde{\mu},\tilde{\sigma}^2)$。由于 $\{J_i, i=1,2,\cdots\}$ 为独立同分布的随机变量序列，因此 $\{X_i, i=1,2,\cdots\}$ 为相互独立的正态随机变量序列，从而

$$J(t)=\prod_{i=1}^{N(t)}J_i=e^{\sum_{i=1}^{N(t)}X_i}$$

式中，$\sum_{i=1}^{N(t)}X_i$ 为复合 Poisson 过程。于是式(5-12)变为：

$$C(S,T,K,J)=e^{-rT}E\{\max\{Se^{W(T)+\sum_{i=1}^{N(T)}X_i}-K,0\}\} \quad (5-13)$$

【定理 5-3】 设标的资产价格跳跃程度 $\{J_i, i=1,2,\cdots\}$ 满足 $\ln J_i \sim N(\tilde{\mu},\tilde{\sigma}^2)$，则到期日为 T 与执行价格为 K 的欧式看涨期权的价格为：

$$C(S,T,K,J)=\sum_{n=0}^{+\infty}e^{-\lambda TE(J)}\frac{[\lambda TE(J)]^n}{n!}C(S,T,K,J,n) \quad (5-14)$$

其中，

$$C(S,T,K,J,n)=e^{-r(n)T}E\{\max\{Se^{W(T)+\sum_{i=1}^{N(T)}X_i}-K,0\}\mid N(T)=n\}$$

$$(5-15)$$

$$r(n)=r-\lambda[E(J)-1]+\frac{n}{T}\ln E(J)$$

$$E(J) = e^{\tilde{\mu} + \frac{\tilde{\sigma}^2}{2}}$$

证明：令

$$C(S,T,K,J,n) = e^{-r(n)T} E\{\max\{Se^{W(T) + \sum_{i=1}^{N(T)} X_i} - K, 0\} \mid N(T) = n\}$$

$$r(n) = r - \lambda[E(J) - 1] + \frac{n}{T}\ln E(J)$$

$$E(J) = e^{\tilde{\mu} + \frac{\tilde{\sigma}^2}{2}}$$

于是有

$$e^{[r(n)-r]T} C(S,T,K,J,n) = e^{-rT} E\{\max\{Se^{W(T) + \sum_{i=1}^{N(T)} X_i} - K, 0\} \mid N(T) = n\}$$

进而根据式(5-13)可知

$$C(S,T,K,J) = \sum_{n=0}^{+\infty} e^{-\lambda t} \frac{(\lambda T)^n}{n!} e^{[r(n)-r]T} C(S,T,K,J,n)$$

$$= \sum_{n=0}^{+\infty} e^{-\lambda T E(J)} [E(J)]^n \frac{(\lambda T)^n}{n!} C(S,T,K,J,n)$$

$$= \sum_{n=0}^{+\infty} e^{-\lambda T E(J)} \frac{[\lambda T E(J)]^n}{n!} C(S,T,K,J,n)$$

于是定理 5-3 得证。

在式(5-15)中，由 $W(T)$ 与 $\sum_{i=1}^{N(T)} X_i$ 的定义以及变量之间相互独立性假设可知，随机变量

$$W(T) + \sum_{i=1}^{N(T)} X_i \mid N(T) = n$$

服从正态分布，其均值与方差分别为：

$$E\left[W(T) + \sum_{i=1}^{N(T)} X_i \mid N(T) = n\right] = \left\{r - \frac{\sigma^2}{2} - \lambda[E(J) - 1]\right\}T + n\tilde{\mu}$$

$$= \left[r(n) - \frac{\sigma^2(n)}{2}\right]T$$

$$\mathrm{Var}\left[W(T) + \sum_{i=1}^{N(T)} X_i \mid N(T) = n\right] = \sigma^2 T + n\tilde{\sigma}^2 = \sigma^2(n) T$$

式中，$\sigma^2(n) = \sigma^2 + \frac{n}{T}\tilde{\sigma}^2$。

习题 5

1. 设 $\{B(t), t\geq 0\}$ 为标准 Brown 运动,试求过程 $\left\{(1-t)B\left(\dfrac{t}{1-t}\right), 0\leq t<1\right\}$ 的均值函数与自相关函数。

2. 设 $\{B(t), t\geq 0\}$ 为标准 Brown 运动,求下列过程的协方差函数:

(1) $B(t)+Xt, B(t)$ 与 X 相互独立,且 $X\sim N(0,1)$;

(2) $aB\left(\dfrac{t}{a^2}\right), a$ 为正常数。

3. 设 $\{B(t), t\geq 0\}$ 为标准 Brown 运动,求 $Ee^{\mu[B(t)-B(s)]} (t>s\geq 0)$。

4. 设 $\{B(t), t\geq 0\}$ 为标准 Brown 运动,$X(t)=\dfrac{B(a^2 t)}{a}, a$ 为正常数,试证明 $\{X(t), t\geq 0\}$ 为 Brown 运动。

5. 某投资者持有某股票执行价格为 K 的美式看涨期权,假设股票价格变化为带负漂移系数的 Brown 运动 $S(t)=\mu t+B(t)(t\geq 0)$,且该过程迟早到达 S 的概率 $f(S)=e^{2\mu S}$,试说明该投资者何时实施期权收益最大。

第 6 章

鞅及其在金融中的应用

鞅是一类重要的随机过程,其显著的特点是在现在信息集下未来的期望等于现值。鞅在金融领域中具有广泛的应用。如一个随机过程一般伴随着一个测度,而等价鞅测度可以将不是鞅的随机过程转化为鞅,而且等价鞅测度与原来随机过程伴随的测度是等价的。转化为鞅后,可采用求数学期望的方法获得金融衍生产品的价格,如期权,而不用解随机微分方程。在本章中,我们将介绍鞅的定义及其性质,并重点介绍如何基于鞅对金融资产进行定价。

6.1 鞅的定义与性质

6.1.1 离散时间鞅

【例 6-1】 设一赌博者轮番参与一种赌博,且赌博者各局的输赢互不影响。记 η_n 为第 n 次赌博的结果,$\eta_n=1$ 表示第 n 次赌博赢,$\eta_n=-1$ 表示第 n 次赌博输。假设赌博是公平的,则 $\{\eta_n\}$ 为独立同分布的随机序列,且 $P(\eta_n=1)=P(\eta_n=-1)=0.5$。如果赌博者每次下注都是根据以往输赢情况决定的,记 b_n 为赌博者第 n 局下的赌注,则其可表示为

$$b_{n+1}=b_{n+1}(\eta_1,\eta_2,\cdots,\eta_n), n\geq 1$$

设赌博者初始赌本为 X_0,则第 n 局赌博结束时,赌博者的赌本为

$$X_n = X_0 + \sum_{i=1}^{n} b_n \eta_n$$

于是有下面结论：

$$E(X_{n+1} | \eta_1, \eta_2, \cdots, \eta_n) = X_n \qquad (6-1)$$

事实上，

$$E(X_{n+1} | \eta_1, \eta_2, \cdots, \eta_n) = E((X_n + b_{n+1}\eta_{n+1}) | \eta_1, \eta_2, \cdots, \eta_n)$$
$$= E(X_n | \eta_1, \eta_2, \cdots, \eta_n) + E(b_{n+1}\eta_{n+1} | \eta_1, \eta_2, \cdots, \eta_n)$$
$$= X_n + b_{n+1} E(\eta_{n+1} | \eta_1, \eta_2, \cdots, \eta_n)$$
$$= X_n + b_{n+1} E(\eta_{n+1})$$
$$= X_n$$

式(6-1)表明，如果每次赌博的输赢机会均等，并且赌博的策略依赖于前面的赌博结果，则赌博是"公平的"。即若 X_n 表示一个赌博者在第 n 次赌博后所有的赌本，则第 $(n+1)$ 次赌博结束时的平均赌本恰好等于现在的赌本 X_n，与过去赌博的输赢无关。

上述公平赌博是鞅一个典型的例子，而鞅是一类特殊的随机过程。鞅为满足如下条件的随机过程：在已知过程在时刻 s 之前的变化规律的条件下，过程在将来某一时刻 t 的期望值等于过程在时刻 s 的值。

【定义 6-1】 设 $\{X_n, n \geqslant 0\}$ 为概率空间 $(\Omega, \mathcal{F}, P)$ 上的离散时间随机过程，如果对任意的 $n \geqslant 0$，有：

(1) $E(|X_n|) < +\infty$；

(2) $E(X_{n+1} | X_0, X_1, \cdots, X_n) = X_n$；

则称随机过程 $\{X_n, n \geqslant 0\}$ 为离散鞅序列，简称鞅。

对于上述定义 6-1，更一般地有下面定义 6-2。

【定义 6-2】 设 $\{X_n, n \geqslant 0\}$ 与 $\{Y_n, n \geqslant 0\}$ 为概率空间 $(\Omega, \mathcal{F}, P)$ 上的离散时间随机过程，如果对任意的 $n \geqslant 0$，有：

(1) $E(|X_n|) < +\infty$；

(2) X_n 是关于 $Y_0, Y_1, Y_2, \cdots, Y_n$ 的函数；

(3) $E(X_{n+1} | Y_0, Y_1, Y_2, \cdots, Y_n) = X_n$；

则称随机过程 $\{X_n, n \geq 0\}$ 关于 $\{Y_n, n \geq 0\}$ 为鞅。

注 1：将定义 6-2 中(3)改为 $E(X_{n+1} | Y_0, Y_1, Y_2, \cdots, Y_n) \leq X_n$，则称 $\{X_n, n \geq 0\}$ 关于 $\{Y_n, n \geq 0\}$ 为上鞅；

注 2：将定义 6-2 中(3)改为 $E(X_{n+1} | Y_0, Y_1, Y_2, \cdots, Y_n) \geq X_n$，则称 $\{X_n, n \geq 0\}$ 关于 $\{Y_n, n \geq 0\}$ 为下鞅。

在例 6-1 中，关于上、下鞅的直观解释为：上鞅表示第 $(n+1)$ 次的平均赌本不多于第 n 次的赌本，即具有上鞅这种性质的赌博是亏本赌博；下鞅表示第 $(n+1)$ 次的平均赌本不少于第 n 次的赌本，即具有下鞅这种性质的赌博是盈利赌博。

【例 6-2】 设单位时间内粒子在一维坐标上等可能向左或向右移动一个单位,将游走的距离分别记为 +1 和 -1。令 X_i 表示粒子第 i 次移动的距离,则到 n 时刻粒子移动的总距离 $S_n = X_1 + X_2 + \cdots + X_n$ 为鞅,其中 $S_0 = 0$。

证明：首先，

$$E(|S_n|) = E\left(\left|\sum_{i=1}^n X_i\right|\right) \leq \sum_{i=1}^n E(|X_i|) = n < +\infty$$

其次，

$$E(S_{n+1} | S_0, S_1, S_2, \cdots, S_n)$$
$$= E(S_n + X_{n+1} | S_0, S_1, S_2, \cdots, S_n)$$
$$= E(S_n | S_0, S_1, S_2, \cdots, S_n) + E(X_{n+1} | S_0, S_1, S_2, \cdots, S_n)$$
$$= S_n + E(X_{n+1})$$
$$= S_n$$

进而根据定义 6-1 可知，$\{S_n, n \geq 0\}$ 为鞅。

【例 6-3】 设 $\{\eta_n, n \geq 0\}$ 为独立随机变量序列，$\eta_0 = 0$，$E(\eta_n) = 0$，$E|\eta_n| < +\infty$，令

$$X_n = \sum_{k=0}^{n} \eta_k, n \geq 1$$

则$\{X_n, n \geq 1\}$关于$\{\eta_n, n \geq 1\}$为鞅。

事实上,

$$E(|X_n|) = E\left(\left|\sum_{k=0}^{n} \eta_k\right|\right) \leq \sum_{k=0}^{n} E(|\eta_k|) < +\infty$$

显然X_n是$\eta_k (0 \leq k \leq n)$的函数。此外,由于$\{\eta_n, n \geq 1\}$为独立随机变量序列,可知

$$E(X_{n+1} | \eta_0, \eta_1, \eta_2, \cdots, \eta_n) = E(X_n + \eta_{n+1} | \eta_0, \eta_1, \eta_2, \cdots, \eta_n)$$
$$= E(X_n | \eta_0, \eta_1, \eta_2, \cdots, \eta_n) + E(\eta_{n+1} | \eta_0, \eta_1, \eta_2, \cdots, \eta_n)$$
$$= X_n + E(\eta_{n+1})$$
$$= X_n$$

可见,$\{X_n, n \geq 1\}$关于$\{\eta_n, n \geq 1\}$为鞅。

【例6-4】 (Doob鞅过程)设随机变量Z满足$E(|Z|) < +\infty$,$\{Y_n, n \geq 0\}$为一随机序列。令

$$X_n = E(Z | Y_0, Y_1, Y_2, \cdots, Y_n), n \geq 0$$

则$\{X_n, n \geq 0\}$关于$\{Y_n, n \geq 0\}$为鞅,并称其为Doob鞅过程。

事实上,

$$E(|X_n|) = E[|E(Z | Y_0, Y_1, Y_2, \cdots, Y_n)|]$$
$$\leq E[E(|Z| | Y_0, Y_1, Y_2, \cdots, Y_n)]$$
$$= E(|Z|) < +\infty$$

显然X_n是$Y_k (0 \leq k \leq n)$的函数。此外由条件期望的性质,可知

$$E(X_{n+1} | Y_0, Y_1, Y_2, \cdots, Y_n) = E[E(Z | Y_0, Y_1, Y_2, \cdots, Y_{n+1}) | Y_0, Y_1, Y_2, \cdots, Y_n]$$
$$= E(Z | Y_0, Y_1, Y_2, \cdots, Y_n)$$
$$= X_n$$

可见,$\{X_n, n \geq 0\}$关于$\{\eta_n, n \geq 0\}$为鞅。

【例6-5】 设$\{X_n, n \geq 0\}$是在直线上整数格子点上的伯努利随机游

动,即是以 $Z=\{0,\pm 1,\pm 2,\cdots\}$ 为状态空间的齐次 Markov 链,相应的转移概率为:

$$p_{ij}=\begin{cases}p, & j=i+1,\\ q, & j=i-1,\\ 0, & |j-i|>1\end{cases}$$

式中,$p+q=1,0<p<1$,试分析 $\{X_n,n\geq 0\}$ 为鞅、上鞅和下鞅的充要条件。

解:设 $X_n=X_0+\eta_1+\eta_2+\cdots+\eta_n$,其中 X_0 表示初始位置,$\{\eta_n\}$ 为相互独立具有同分布的随机序列,且与 X_0 相互独立,

$$P(\eta_n=1)=p, P(\eta_n=-1)=q(n\geq 1)$$

由 X_n 的定义可知,η_{n+1} 与 $\{X_0,X_1,\cdots,X_n\}$ 独立,于是

$$E(X_{n+1}|X_0,X_1,\cdots,X_n)$$
$$=E(X_n|X_0,X_1,\cdots,X_n)+E(\eta_{n+1}|X_0,X_1,\cdots,X_n)$$
$$=X_n+E(\eta_{n+1})$$
$$=X_n+p-q$$

从而可得:

(1) $\{X_n,n\geq 0\}$ 为下鞅的充要条件是 $p\geq q$;

(2) $\{X_n,n\geq 0\}$ 为上鞅的充要条件是 $p\leq q$;

(3) $\{X_n,n\geq 0\}$ 为鞅的充要条件是 $p=q$。

6.1.2 连续时间鞅

设 $\mathcal{F}$ 为样本空间 Ω 上的 σ-代数,$\{\mathcal{F}_t,t\geq 0\}$ 为一列 σ-代数。若对于任意的 $0\leq s<t$,有 $\mathcal{F}_s\subset\mathcal{F}_t\subset\mathcal{F}$,则称 $\{\mathcal{F}_t,t\geq 0\}$ 为 $\mathcal{F}$ 的 σ-代数流或信息流。若随机过程 $\{X_t,t\geq 0\}$,对任意的 $t\geq 0$ 满足 $\sigma(X_t)\subset\mathcal{F}_t$,则称 X_t 关于 $\mathcal{F}_t$ 可测。此时,$\{X_t,t\geq 0\}$ 是关于 $\{\mathcal{F}_t,t\geq 0\}$ 适应的随机过程。

【例 6-6】 设 $\{Y_n,n\geq 0\}$ 为一随机变量序列,令 $\mathcal{F}_0=\sigma\{Y_0\}$,即关于

Y_0 的所有事件都在 $\mathcal{F}_0$ 中；$\mathcal{F}_1=\sigma\{Y_0,Y_1\}$，即关于 Y_0,Y_1 的所有事件都在 $\mathcal{F}_1$ 中；以此类推，$\mathcal{F}_n=\sigma\{Y_0,Y_1,\cdots,Y_n\}$。显然，$\mathcal{F}_n \subset \mathcal{F}_{n+1}$，于是 $\{\mathcal{F}_n,n\geqslant 0\}$ 为一个 σ-代数流，称为由 $\{Y_n,n\geqslant 0\}$ 生成的 σ-代数流。显然，Y_n 关于 $\mathcal{F}_n$ 可测。

【定义 6-3】 设 $\{X_t,t\geqslant 0\}$ 为概率空间 $(\Omega,\mathcal{F},P)$ 上的随机过程，$\{\mathcal{F}_t,t\geqslant 0\}$ 为 $\mathcal{F}$ 的 σ-代数流，若满足下列条件：

(1) $\{X_t,t\geqslant 0\}$ 关于 $\{\mathcal{F}_t,t\geqslant 0\}$ 适应，即 X_t 关于 $\mathcal{F}_t$ 可测；

(2) 对任意的 $t\geqslant 0$，$E(|X_t|)<+\infty$；

(3) 对任意的 $0\leqslant s<t$，$E(X_t|\mathcal{F}_s)=X_s$；

则称随机过程 $\{X_t,t\geqslant 0\}$ 为关于 $\{\mathcal{F}_t,t\geqslant 0\}$ 和概率测度 P 的鞅，简称随机过程 $\{X_t,t\geqslant 0\}$ 为鞅。

注1：将定义 6-3 中 (3) 改为，对任意的 $0\leqslant s<t$，$E(X_t|\mathcal{F}_s)\leqslant X_s$，则称随机过程 $\{X_t,t\geqslant 0\}$ 为上鞅。

注2：将定义 6-3 中 (3) 改为，对任意的 $0\leqslant s<t$，$E(X_t|\mathcal{F}_s)\geqslant X_s$，则称随机过程 $\{X_t,t\geqslant 0\}$ 为下鞅。

注3：如果参数集为 $\{0,1,2,\cdots\}$，将定义 6-3 中 (3) 改为对任意的非负整数 k，$E(X_{k+1}|\mathcal{F}_k)=X_k$，则上述定义便是离散时间鞅更一般的定义。

注4：鞅是在给定当前信息集时，未来变化完全不可预测的随机过程。根据鞅的定义，显然有 $E(X_{t+u}-X_t|\mathcal{F}_t)=X_t-X_t=0,t+u>t\geqslant 0$。

注5：需要强调的是，一个鞅的定义是考虑信息集与概率测度的，若改变与过程有关的信息集和概率测度，这个过程一般不再是鞅了。相反的操作也是成立的，一个随机过程不是鞅，可通过修改相关的概率测度使得随机过程在修正的概率测度下为鞅。

【例 6-7】 设 $\{N(t),t\geqslant 0\}$ 为具有参数 λ 的 Poisson 过程，则 $\{N(t)-\lambda t,t\geqslant 0\}$ 为鞅。

证明：令 $\mathcal{F}_t=\sigma\{N_m,0\leqslant m\leqslant t\}$，对任意的 $0\leqslant s<t$，显然有：

(1) $N(t)-\lambda t$ 关于 $\mathcal{F}_t$ 可测;

(2) $E(|N(t)-\lambda t|)\leqslant E[N(t)]+\lambda t=2\lambda t<+\infty$;

(3) 由 Poisson 过程为独立增量过程,可知

$$E[N(t)-\lambda t|\mathcal{F}_s]=E[N(t)-\lambda t-N(s)+\lambda s+N(s)-\lambda s|\mathcal{F}_s]$$
$$=E[N(t)-N(s)-\lambda(t-s)|\mathcal{F}_s]+E[N(s)-\lambda s|\mathcal{F}_s]$$
$$=E[N(t)-N(s)-\lambda(t-s)]+E[N(s)-\lambda s|\mathcal{F}_s]$$
$$=N(s)-\lambda s$$

因此,随机过程 $\{N(t)-\lambda t,t\geqslant 0\}$ 为鞅。

注意到,由例 6-7 可知: Poisson 过程不是鞅。

【例 6-8】 设 $\{X(t),t\geqslant 0\}$ 为标准 Brown 运动,$\mathcal{F}_t=\sigma\{X(s),0\leqslant s\leqslant t\}$,则

(1) $\{X(t),t\geqslant 0\}$ 为鞅;

(2) $\{X^2(t)-t,t\geqslant 0\}$ 为鞅;

(3) $\{e^{\lambda X(t)-\frac{1}{2}\lambda^2 t},t\geqslant 0\}$ 为鞅。

证明:(1) 显然,$X(t)$ 关于 $\mathcal{F}_t$ 可测。由 Cauchy-Schwarz 不等式,可得:

$$E(|X(t)|)\leqslant \sqrt{E[X^2(t)]}=\sqrt{t}<+\infty$$
$$E[X(t)|\mathcal{F}_s]=E[X(t)-X(s)+X(s)|\mathcal{F}_s]$$
$$=E[X(t)-X(s)|\mathcal{F}_s]+E[X(s)|\mathcal{F}_s]$$
$$=E[X(t)-X(s)]+E[X(s)|\mathcal{F}_s]$$
$$=X(s)$$

可见,$\{X(t),t\geqslant 0\}$ 为鞅。

(2) 显然,$X^2(t)-t$ 关于 $\mathcal{F}_t$ 可测。

$$E(|X^2(t)-t|)\leqslant E[X^2(t)]+t=2t<+\infty$$
$$E[X^2(t)-t|\mathcal{F}_s]=E[(X(t)-X(s)+X(s))^2-t|\mathcal{F}_s]$$
$$=E[(X(t)-X(s))^2|\mathcal{F}_s]+2E[X(s)(X(t)-X(s))|\mathcal{F}_s]+$$
$$E[X^2(s)|\mathcal{F}_s]-t$$

$$= E[X(t)-X(s)]^2 + 2X(s)E[X(t)-X(s)] + X^2(s) - t$$
$$= X^2(s) - s$$

可见，$\{X^2(t)-t, t\geq 0\}$ 为鞅。

（3）显然，$e^{\lambda X(t)-\frac{1}{2}\lambda^2 t}$ 关于 $\mathcal{F}_t$ 可测。

$$E|e^{\lambda X(t)-\frac{1}{2}\lambda^2 t}| = Ee^{\lambda X(t)-\frac{1}{2}\lambda^2 t}$$
$$= e^{-\frac{1}{2}\lambda^2 t} E e^{\lambda X(t)}$$
$$= e^{-\frac{1}{2}\lambda^2 t} e^{\frac{1}{2}\lambda^2 t}$$
$$= 1 < +\infty$$

设 $s<t$，由于 $X(t)-X(s)$ 与 $X(s)$ 独立，可得

$$E[e^{\lambda X(t)-\frac{1}{2}\lambda^2 t} | \mathcal{F}_s] = e^{-\frac{1}{2}\lambda^2 t} E[e^{\lambda[X(t)-X(s)]} e^{\lambda X(s)} | \mathcal{F}_s]$$
$$= e^{-\frac{1}{2}\lambda^2 t} e^{\lambda X(s)} E[e^{\lambda[X(t)-X(s)]} | \mathcal{F}_s]$$
$$= e^{-\frac{1}{2}\lambda^2 t} e^{\lambda X(s)} E[e^{\lambda[X(t)-X(s)]}]$$
$$= e^{-\frac{1}{2}\lambda^2 t} e^{\lambda X(s)} e^{\frac{1}{2}\lambda^2 (t-s)}$$
$$= e^{\lambda X(s)-\frac{1}{2}\lambda^2 s}$$

于是，$\{e^{\lambda X(t)-\frac{1}{2}\lambda^2 t}, t\geq 0\}$ 为鞅。

6.1.3 鞅的性质

鞅具有下列基本性质：

【**性质 6-1**】 常数序列 $\{c_n\}$ 为鞅，其中 $c_n=c$，c 为常数。

【**性质 6-2**】 若 $\{X_t, t\in T\}$ 为鞅，则其均值函数为常数。

【**性质 6-3**】 $\{X_t, t\in T\}$ 为鞅的充要条件为 $\{X_t, t\in T\}$ 既为上鞅也为下鞅。

【**性质 6-4**】 若 $\{X_t, t\in T\}$ 为上（下）鞅，则 $\{-X_t, t\in T\}$ 为下（上）鞅。

【**性质 6-5**】 若 $\{X_t, t\in T\}$ 为鞅，则 $\{|X_t|, t\in T\}$ 为下鞅。

上述性质证明比较简单,仅证明性质 6-2,其余读者可自行完成。

证明:由于 $\{X_t, t \in T\}$ 为鞅,可知

$$E(X_t | \mathcal{F}_s) = X_s (t, s \in T, s < t)$$

再由条件期望的性质,可知

$$E(X_s) = E[E(X_t | \mathcal{F}_s)] = E(X_t)$$

于是,鞅的均值函数为常数。

6.2 资产价格的鞅变换

根据鞅的定义,一个随机过程在给定的信息集下,它的未来运动完全不可预测时就是鞅。那么金融资产价格运动是否为鞅呢?一般而言,风险资产的价格变化,在给定的信息集下,不是完全不可预测的。如折价发行的零息票债券的价格随着到期日的临近,其价格越来越高,即越来越接近其面值。若 B_t 表示在时间 T 时到期的零息票债券价格,则

$$B_t < E_t(B_u), t < u < T$$

显然这是一个下鞅。同样,通常一风险股票会有一个正的预期收益,因此也不是鞅。设股票价格为 S_t,对于一个小的时间间隔 Δ,有:

$$E_t[S_{t+\Delta} - S_t] = \mu \Delta$$

式中,μ 为正的预期收益率。对于期权,因为其具有时间价值,并且随着到期日的临近不断地衰减,所以其具有上鞅的特征。

既然大多数金融产品的价格运动不是鞅,为什么在金融领域中人们还对鞅这么感兴趣呢?实际上,在前面的内容中我们强调过鞅的定义是基于给定的信息集和概率测度的,通过对信息集和概率测度的适当处理,可以将上鞅或下鞅转化为鞅。若做到这样,则有:

$$\hat{E}_t(e^{-ru} B_{t+u}) = B_t, 0 < u < T - t$$

$$\hat{E}_t(e^{-ru} S_{t+u}) = S_t, u > 0$$

这在金融衍生产品定价方面具有重要的作用,关键的问题是如何将金融资产价格变化过程转化为鞅。一种方法是可从 $e^{-rt}B_t$ 或 $e^{-rt}S_t$ 中去除一个期望趋向。事实上,Doob-Meyer 分解定理暗含在一些普通的条件下,任意的连续时间过程能被分解成一个鞅和一个增长或者下降的过程。另一种方法是转换概率测度,使得在新的概率测度下,随机过程满足鞅的定义。

6.2.1 鞅的分解定理

假设一个交易者观察 t_i 时刻金融资产的价格 S_{t_i},其中 $t_0 < t_1 < \cdots < t_k = T$。若时间 t_{i-1} 与 t_i 之间的间隔非常小,而且市场是"流动"的,则资产价格就有可能表现出至多一个向上或向下的过程。对于 S_{t_i} 的变化方式假设只有两种可能:ΔS_{t_i} 以概率 p 为 1 或者以概率 $1-p$ 为 -1,并且价格变化间是独立的。

观察在 k 个时间点的 ΔS_{t_i},首先构造一个由所有可能路径组成的集合,即样本空间。如一个典型的样本路径为:

$$\Delta S^* = \{\Delta S_{t_1} = 1, \Delta S_{t_2} = -1, \cdots, \Delta S_{t_{k-1}} = 1, \Delta S_{t_k} = -1\}$$

其次,定义与这些样本路径有关的概率。当价格变化是相互独立(且有限)时,序列的概率是每一价格变化的概率相乘。如上述路径的概率为(k 为偶数):

$$P(\Delta S^*) = p^{\frac{k}{2}} (1-p)^{\frac{k}{2}}$$

在上述样本空间和概率测度下,给定资产初始价格 S_{t_0},就很容易从随后变化中得到资产价格的水平:

$$S_{t_k} = S_{t_0} + \sum_{i=1}^{k} (S_{t_i} - S_{t_{i-1}})$$

显然 S_{t_k} 是由 ΔS_{t_i} 的和构成的,于是容易得到 S_{t_k} 的概率分布。

易知,S_{t_k} 最大可能值为 $S_{t_0} + k$,而此对应于所有的价格变化均为 $+1$,

于是相应的概率为：

$$P(S_{t_k} = S_{t_0} + k) = p^k$$

同样，S_{t_k} 最小可能值为 $S_{t_0} - k$，相应的概率为：

$$P(S_{t_k} = S_{t_0} - k) = (1-p)^k$$

一般地，通常资产价格在 $S_{t_0} - k$ 与 $S_{t_0} + k$ 之间。如果在 k 个价格变化中，有 m 个 $+1$ 变化，则 S_{t_k} 的水平为：

$$S_{t_k} = S_{t_0} + m - (k-m)$$

相应的概率为：

$$P(S_{t_k} = S_{t_0} + 2m - k) = C_k^{k-m} p^m (1-p)^{k-m}$$

下面分析考虑到包括过去价格变化信息而定义的 $\{S_{t_k}\}$ 是否为鞅。

令 $\mathcal{F}_k = \sigma(S_{t_0}, \Delta S_{t_1}, \Delta S_{t_2}, \cdots, \Delta S_{t_{k-1}}, \Delta S_{t_k})$，显然有 $E(|S_{t_k}|) < +\infty$，S_{t_k} 关于 $\mathcal{F}_k$ 可测，此外有

$$E(S_{t_k} | \mathcal{F}_{k-1}) = E\left(S_{t_0} + \sum_{i=1}^{k} \Delta S_{t_i} \Big| \mathcal{F}_{k-1}\right) = E(S_{t_{k-1}} + \Delta S_{t_k} | \mathcal{F}_{k-1})$$

$$= S_{t_{k-1}} + E(\Delta S_{t_k}) = S_{t_{k-1}} - (1-2p)$$

于是，当 $p = 0.5$ 时，$\{S_{t_k}\}$ 为鞅。这意味着考虑到包括过去价格变化的信息以及这个特殊的概率分布而定义的 $\{S_{t_k}\}$ 是鞅。而当 $p \neq 0.5$ 时，$\{S_{t_k}\}$ 就不为鞅。定义如下过程：

$$X_{t_k} = S_{t_k} + (1-2p)(k+1)$$

易证明该过程为鞅，这意味着金融资产价格不为鞅时，可以将其分解为一个鞅和一个序列。

【定理 6-1】（下鞅分解定理）设 $\{X_n, n \geq 1\}$ 关于 $\{\mathcal{F}_n, n \geq 1\}$ 为下鞅，则存在随机过程 $\{M_n, n \geq 1\}$ 和 $\{A_n, n \geq 1\}$，使得

(1) $\{M_n, n \geq 1\}$ 为鞅；

(2) $A_1 = 0$，$A_n \leq A_{n+1}$，$E(A_n) < +\infty$，A_n 关于 $\mathcal{F}_{n-1}(n \geq 2)$ 可测，且有下面唯一的分解式：

$$X_n = M_n + A_n, n \geqslant 1$$

证明:设 $X_0 = 0, M_0 = 0, A_1 = 0, \mathcal{F}_0 = \{\varnothing, \Omega\}$,以及

$$M_n = X_n - \sum_{k=1}^{n} E(X_k - X_{k-1} | \mathcal{F}_{k-1}), n \geqslant 1$$

$$A_n = X_n - M_n = \sum_{k=1}^{n} E(X_k - X_{k-1} | \mathcal{F}_{k-1}), n \geqslant 2$$

由于 $\{X_n, n \geqslant 1\}$ 为下鞅,因此

$$E(X_k - X_{k-1} | \mathcal{F}_{k-1}) \geqslant X_{k-1} - X_{k-1} = 0$$

显然,$A_n \leqslant A_{n+1}$。注意到 $E(X_k - X_{k-1} | \mathcal{F}_{k-1})$ 为 $\mathcal{F}_{k-1}$ 的函数,从而 A_n 关于 $\mathcal{F}_{n-1}(n \geqslant 2)$ 可测。同时有

$$E(A_n) \leqslant E(|X_n|) + E(|X_1|) < +\infty$$

下面证明 $\{M_n, n \geqslant 1\}$ 为鞅。首先有

$$E(|M_n|) = E\left[\left|\left[X_n - \sum_{k=1}^{n} E(X_k - X_{k-1} | \mathcal{F}_{k-1})\right]\right|\right]$$

$$\leqslant E(|X_n|) + \sum_{k=1}^{n} E[E(|X_k - X_{k-1}| | \mathcal{F}_{k-1})]$$

$$= E(|X_n|) + \sum_{k=1}^{n} E(|X_k - X_{k-1}|)$$

$$\leqslant E(|X_n|) + \sum_{k=1}^{n} [E(|X_k|) + E(|X_{k-1}|)] < +\infty$$

其次,显然 M_n 关于 $\mathcal{F}_n$ 可测,同时有

$$E(M_{n+1} | \mathcal{F}_n) = E(X_{n+1} | \mathcal{F}_n) - E\left[\sum_{k=1}^{n+1} E(X_k - X_{k-1} | \mathcal{F}_{k-1}) | \mathcal{F}_n\right]$$

$$= E(X_{n+1} | \mathcal{F}_n) - \sum_{k=1}^{n+1} E(X_k - X_{k-1} | \mathcal{F}_{k-1})$$

$$= E(X_{n+1} | \mathcal{F}_n) - \sum_{k=1}^{n} E(X_k - X_{k-1} | \mathcal{F}_{k-1}) - E(X_{n+1} - X_n | \mathcal{F}_n)$$

$$= X_n - \sum_{k=1}^{n} E(X_k - X_{k-1} | \mathcal{F}_{k-1})$$

$$= M_n$$

可见,$\{M_n, n \geq 1\}$为鞅。

下面证明这种分解是唯一的,设另有$\{M'_n, n \geq 1\}$和$\{A'_n, n \geq 1\}$满足分解定理的要求,则令

$$W_n = M_n - M'_n = A'_n - A_n$$

易证$\{W_n, n \geq 1\}$为鞅,于是$E(W_n | \mathcal{F}_{n-1}) = W_{n-1}$。注意到$W_n = A'_n - A_n$关于$\mathcal{F}_{n-1}$可测,必有

$$E(W_n | \mathcal{F}_{n-1}) = W_n = W_{n-1}$$

从而

$$W_n = W_1 = A_1 - A'_1 = 0$$

可见分解是唯一的。

注意到,$\{X_n, n \geq 1\}$为上鞅,则$\{-X_n, n \geq 1\}$为下鞅,于是由定理6-1易得上鞅分解定理。

【定理 6-2】 (上鞅分解定理)设$\{X_n, n \geq 1\}$关于$\{\mathcal{F}_n, n \geq 1\}$为上鞅,则存在随机过程$\{M_n, n \geq 1\}$和$\{A_n, n \geq 1\}$,使得

(1) $\{M_n, n \geq 1\}$为鞅;

(2) $A_1 = 0, A_n \leq A_{n+1}, E(A_n) < +\infty, A_n$关于$\mathcal{F}_{n-1}(n \geq 2)$可测,且有下面唯一的分解式:

$$X_n = M_n - A_n, n \geq 1$$

6.2.2 等价鞅测度

【例 6-9】 设随机变量X的状态空间为$\{10, -3, -1\}$,且每种取值是等概率的。于是,通过计算可得$E(X) = 2, D(X) = \dfrac{98}{3}$,是否存在新的概率测度,使得随机变量$X$的均值为1,但方差不变。

解:设$\widetilde{P}(X=10) = \dfrac{122}{429}, \widetilde{P}(X=-3) = \dfrac{22}{39}, \widetilde{P}(X=-1) = \dfrac{5}{33}$

用新的概率计算均值和方差:

$$E^{\tilde{P}}(X)=\frac{122}{429}\times10+\frac{22}{39}\times(-3)+\frac{5}{33}\times(-1)=1$$

$$D^{\tilde{P}}(X)=\frac{122}{429}\times(10-1)^2+\frac{22}{39}\times(-3-1)^2+\frac{5}{33}\times(-1-1)^2=\frac{98}{3}$$

上面的例子说明,不改变随机变量的取值,通过改变取值的相应的概率,可以改变随机变量的均值,而保持了随机变量的其他特点。因此,虽然大多数金融资产的价格变化不是鞅,但是可以通过寻找合适的概率分布从而使得资产价格的变化过程为鞅。值得注意的是,新的概率分布与随机试验的实际可能性无关,因此新的概率被称为"伪概率"。实际上,鞅分解定理意味着在某些情况下,任意连续时间过程可以分解成鞅和增量过程,去掉后者便成为鞅。转换概率测度,这种方法虽然更复杂,但更有用。

一般地,在 t 时刻信息 $\mathcal{F}_t$ 和概率测度 P 下,

$$E^P(\mathrm{e}^{-rT}S_{t+T}|\mathcal{F}_t)>S_t,T>0 \qquad (6-2)$$

上式可简记为

$$E_t^P(\mathrm{e}^{-rT}S_{t+T})>S_t,T>0 \qquad (6-3)$$

式中,E_t^P 是在 t 时刻的信息 $\mathcal{F}_t$ 条件下以概率测度 P 计算的条件期望算子。

【定义 6-4】 在同一个样本空间内的两个概率测度 P 和 Q,若对样本空间中的任意子样本空间 A,均有以下充要条件成立:

$$P(A)=0 \Leftrightarrow Q(A)=0$$

或者

$$P(A)\neq0 \Leftrightarrow Q(A)\neq0$$

则称 P 与 Q 为等价测度。

P 与 Q 为等价测度,意味着事件 A 在概率测度 P 下有可能发生,相应地,在概率测度 Q 下也有可能发生;反之亦然。

设 Q 为与 P 等价的概率测度,使得

$$E_t^Q(e^{-rT}S_{t+T}) = S_t, \quad T > 0 \tag{6-4}$$

式中，E_t^Q 是在 t 时刻的信息 $\mathcal{F}_t$ 条件下以概率测度 Q 计算的条件期望算子。将式(6-3)转换成式(6-4)的概率测度 Q 被称为等价鞅测度。

金融理论表明在一定条件下等价鞅测度是存在的，而且可以是唯一的。实际上，资产定价第一基本定理表明：等价鞅测度存在的充要条件是市场无套利机会。资产定价第二基本定理表明：在无套利条件下，市场完备等价于存在唯一的等价鞅测度。在一般情况下，具体求一概率测度的等价鞅测度的计算较复杂。

考虑一种普通证券，在概率测度 P 下其价格 $S(t)$ 服从几何 Brown 运动。设 $S(t) = S_0 e^{X(t)} = S_0 e^{(\mu - \frac{\sigma^2}{2})t + \sigma B(t)}$，其中 $X(t) \sim N\left(\left(\mu - \frac{\sigma^2}{2}\right)t, \sigma^2 t\right)$ 为带有漂移的 Brown 运动。

对任意的 $t, \tau > 0$，有

$$\frac{S(t+\tau)}{S(t)} = e^{X(t+\tau) - X(t)}$$

由 Brown 运动性质知 $X(t+\tau) - X(t) \sim N\left(\left(\mu - \frac{\sigma^2}{2}\right)\tau, \sigma^2 \tau\right)$，于是有

$$E^P\left[\frac{S(t+\tau)}{S(t)}\right] = E^P e^{X(t+\tau) - X(t)} = e^{\left(\mu - \frac{\sigma^2}{2}\right)\tau + \frac{1}{2}\sigma^2 \tau}$$

又因为在 t 时刻信息条件下 $S(t)$ 是已知的，则根据上式可得

$$E_t^P[S(t+\tau)] = S(t) e^{\left(\mu - \frac{\sigma^2}{2}\right)\tau + \frac{1}{2}\sigma^2 \tau} \tag{6-5}$$

在概率测度 P 下 $X(t) \sim N\left(\left(\mu - \frac{\sigma^2}{2}\right)t, \sigma^2 t\right)$，假设在概率测度 Q 下 $X(t) \sim N\left(\left(\rho - \frac{\sigma^2}{2}\right)t, \sigma^2 t\right)$，其中 ρ 为待定参数。根据式(6-5)，可以得到

$$E_t^Q[e^{-r(t+\tau)}S(t+\tau)] = S(t) e^{\rho\tau - r(t+\tau)} \tag{6-6}$$

令 $\rho = r$，其中 r 为无风险利率，则可得

$$E_t^Q[e^{-r(t+\tau)}S(t+\tau)] = e^{-rt}S(t) \tag{6-7}$$

于是在概率测度 Q 下 $e^{-rt}S(t)$ 为鞅。

式(6-7)意味着:在等价鞅测度下,每一种风险资产期望收益率都等于无风险资产收益率。以上的推导虽然是针对一种证券价格进行的,但显然它对任意一种风险资产都适合。值得注意的是,在 Black-Scholes 期权风险中性定价模型中,资产价格在风险中性调整后的概率分布正好就是上述使得资产价格服从鞅的概率分布。因而,风险中性调整后的概率分布也被称为等价鞅测度。

6.3 离散时间下期权鞅定价法

考虑多期二叉树模型,初始时刻为 0,在 t 时刻风险资产(如股票)的价格为 $S(t)(t=0,1,2,\cdots)$,以该风险资产为标的资产的期权价格为 $V(t)$。设 $\mathcal{F}_t=\sigma(S(n),0\leqslant n\leqslant t)$,在 $(t+1)$ 时刻风险资产的价格变化与 $\mathcal{F}_t$ 独立,且只有两种可能状态,即价格上涨或下跌,相应的概率均大于 0,其中上涨的倍数为 u,下降的倍数为 d,$0<d<1<u$。显然,风险资产价格变化的风险中性概率如式(6-8)所示,并将由风险中性概率所组成的概率测度称为风险中性测度 Q。

$$\begin{cases} p=Q(S(t+1)=uS(t))=\dfrac{1+r-d}{u-d}, \\ q=Q(S(t+1)=dS(t))=\dfrac{u-r-1}{u-d} \end{cases} \quad (6-8)$$

下面分析风险中性测度 Q 与鞅的关系。假设 $X(t)$ 表示某风险资产在 t 时刻的价格,$B(t)=(1+r)^t$ 为一单位无风险资产在 t 时刻的价值,则称 $X(t)/B(t)$ 为 t 时刻该风险资产的贴现价格。

在风险中性测度 Q 下,显然有:

$$S(0)=\frac{1}{1+r}E^Q[S(1)]$$

同时,根据第 4 章的二叉树模型,可知:

$$V(0)=\frac{1}{1+r}E^Q[V(1)]$$

注意到,$B(0)=1$,于是我们有:

$$\frac{S(0)}{B(0)}=E^Q\left[\frac{S(1)}{B(1)}\right]=E^Q\left[\frac{S(1)}{B(1)}\bigg|\mathcal{F}_0\right]$$

$$\frac{V(0)}{B(0)}=E^Q\left[\frac{V(1)}{B(1)}\right]=E^Q\left[\frac{V(1)}{B(1)}\bigg|\mathcal{F}_0\right]$$

式中,$E^Q[\cdot]$ 表示风险中性测度 Q 下的期望,与客观概率测度 P 下的期望 $E^P[\cdot]$ 相对应;$\mathcal{F}_0$ 表示 0 时刻的信息集。可见,风险资产与期权的贴现价格在风险中性测度下为鞅。更一般地,我们有下面的结论。

【定理 6-3】 在风险中性测度 Q 下,对任意时刻 t,风险资产与期权的贴现价格均为鞅。

证明:假设风险资产的贴现价格为 $X(t)$,于是

$$X(t)=\frac{S(t)}{(1+r)^t}$$

显然对于任意的 t,$X(t)$ 关于 $\mathcal{F}_t$ 可测,而且 $E[|X(t)|]<+\infty$。

在风险中性测度 Q 下,由式(6-8)可知

$$E^Q[X(t+1)|\mathcal{F}_t]=E^Q\left[\frac{S(t+1)}{(1+r)^{t+1}}\bigg|\mathcal{F}_t\right]$$

$$=\frac{1}{(1+r)^{t+1}}E^Q[S(t+1)|\mathcal{F}_t]$$

$$=\frac{1}{(1+r)^{t+1}}[puS(t)+qdS(t)]$$

$$=\frac{S(t)}{(1+r)^t}=X(t)$$

类似地,可以证明风险资产相应的期权的贴现价格 $\frac{V(t)}{(1+r)^t}$ 也为鞅。

由于无风险资产的贴现价格为 1,显然其为鞅。因此,可得下面的结论。

【定理 6-4】 对任意时刻 t,无风险资产的贴现价格为鞅。

定理 6-3 和定理 6-4 说明风险资产或无风险资产的贴现价格为鞅,下面我们考虑风险资产和无风险资产组合的情况。

假设在 t 时刻财富的总价值为 $X(t)$,采用自融资策略购买了 $\Delta(t)$ 份风险资产,该资产的当前价格为 $S(t)$,用剩下的财富购买无风险资产,从而获得无风险收益。假设无风险收益率为 r,则在下一个时刻,该投资组合的价值为:

$$X(t+1)=\Delta(t)S(t+1)+(1+r)[X(t)-\Delta(t)S(t)], t=0,1,2,\cdots$$

【定理 6-5】 在风险中性测度 Q 下,财富的贴现过程 $X(t)/B(t)$ $(t=0,1,2,\cdots)$ 为鞅。

证明: 显然对于任意的 t, $\dfrac{X(t)}{(1+r)^t}$ 关于 $\mathcal{F}_t$ 可测,而且 $E\left[\left|\dfrac{X(t)}{(1+r)^t}\right|\right]<+\infty$。

由于 $\Delta(t)$ 在 t 时刻是可测的,因此可得:

$$E^Q\left[\frac{X(t+1)}{(1+r)^{t+1}}\bigg|\mathcal{F}_t\right]=E^Q\left[\frac{\Delta(t)S(t+1)+(1+r)[X(t)-\Delta(t)S(t)]}{(1+r)^{t+1}}\bigg|\mathcal{F}_t\right]$$

$$=E^Q\left[\frac{\Delta(t)S(t+1)}{(1+r)^{t+1}}\bigg|\mathcal{F}_t\right]+E^Q\left[\frac{[X(t)-\Delta(t)S(t)]}{(1+r)^t}\bigg|\mathcal{F}_t\right]$$

注意到,在风险中性测度 Q 下,$S(t)$ 的贴现价格为鞅,于是有

$$E^Q\left[\frac{X(t+1)}{(1+r)^{t+1}}\bigg|\mathcal{F}_t\right]=\frac{\Delta(t)S(t)}{(1+r)^t}+\frac{[X(t)-\Delta(t)S(t)]}{(1+r)^t}$$

$$=\frac{X(t)}{(1+r)^t}$$

因此,定理 6-5 成立。

综上分析可知,在自融资策略下任何资产的贴现过程在风险中性测度 Q 下均为鞅。正因为如此,Q 也称作等价鞅测度。下面进一步分析等价鞅测度存在的充要条件。

【定理 6-6】 等价鞅测度 Q 存在的充要条件为 $d<1+r<u$。

证明：如果存在等价鞅测度 Q，则有

$$E^Q\left[\frac{1}{(1+r)^{t+1}}S(t+1)\Big|\mathcal{F}_t\right]=\frac{S(t)}{(1+r)^t}$$

从而有

$$E^Q\left[\frac{S(t+1)}{S(t)}\Big|\mathcal{F}_t\right]=1+r$$

由于 $(t+1)$ 时刻风险资产的价格变化与 $\mathcal{F}_t$ 独立，因此

$$E^Q\left[\frac{S(t+1)}{S(t)}\right]=1+r$$

即

$$uQ\left(\frac{S(t+1)}{S(t)}=u\right)+d\left[1-Q\left(\frac{S(t+1)}{S(t)}=u\right)\right]=1+r$$

可得

$$Q\left(\frac{S(t+1)}{S(t)}=u\right)=\frac{1+r-d}{u-d}$$

在现实概率测度下，风险资产价格上升或下降的概率均大于 0。根据等价测度概念可知

$$0<\frac{1+r-d}{u-d}<1$$

从而 $d<1+r<u$。

若 $d<1+r<u$，则令

$$p=Q\left(\frac{S(t+1)}{S(t)}=u\right)=\frac{1+r-d}{u-d}$$

$$q=Q\left(\frac{S(t+1)}{S(t)}=d\right)=\frac{u-r-1}{u-d}$$

显然，

$$0<p<1,0<q<1,p+q=1$$

则概率测度 Q 与现实概率测度等价。

对任意的 t，显然有 $\dfrac{S(t)}{(1+r)^t}$ 关于 $\mathcal{F}_t$ 可测，而且 $E\left(\left|\dfrac{S(t)}{(1+r)^t}\right|\right)<+\infty$。

$$E^Q\left[\frac{1}{(1+r)^{t+1}}S(t+1)\bigg|\mathcal{F}_t\right]=E^Q\left[\frac{S(t)}{(1+r)^{t+1}}\frac{S(t+1)}{S(t)}\bigg|\mathcal{F}_t\right]$$

$$=\frac{S(t)}{(1+r)^{t+1}}E^Q\left[\frac{S(t+1)}{S(t)}\bigg|\mathcal{F}_t\right]$$

$$=\frac{S(t)}{(1+r)^{t+1}}(up+dq)=\frac{S(t)}{(1+r)^t}$$

于是 Q 为等价鞅测度。

基于上述分析,我们进一步可得下面的期权二叉树定价公式。

【定理 6-7】 设 $d<1+r<u$,则到期日为 T 与执行价格为 K 的欧式看涨期权的价格为

$$V_t=\frac{1}{(1+r)^{T-t}}\sum_{i=0}^{T-t}C_{T-t}^i p^i q^{T-t-i}\max\{S(t)u^i d^{T-t-i}-K,0\}$$

其中,

$$p=\frac{1+r-d}{u-d},q=\frac{u-r-1}{u-d}$$

证明:在 $d<1+r<u$ 条件下,根据定理 6-3 和定理 6-6 可知存在等价鞅测度 Q,使得期权贴现价格为鞅。设 $\xi_{t+1}=\frac{S(t+1)}{S(t)}$,于是有:

$$V_t=\frac{1}{(1+r)^{T-t}}E^Q[\max\{S(T)-K,0\}|\mathcal{F}_t]$$

$$=\frac{1}{(1+r)^{T-t}}E^Q\left[\max\left\{S(t)\prod_{i=t+1}^T\xi_i-K,0\right\}\bigg|\mathcal{F}_t\right]$$

$$=\frac{1}{(1+r)^{T-t}}E^Q\left[\max\left\{S(t)\prod_{i=t+1}^T\xi_i-K,0\right\}\right]$$

$$=\frac{1}{(1+r)^{T-t}}\sum_{i=0}^{T-t}C_{T-t}^i p^i q^{T-t-i}\max\{S(t)u^i d^{T-t-i}-K,0\}$$

6.4 │ 连续时间下期权鞅定价法

下面利用等价鞅测度直接推导 Black-Scholes 期权定价公式。设欧

式看涨期权标的资产价格 $S_t = S_0 e^{X_t} = S_0 e^{\left(\mu - \frac{\sigma^2}{2}\right)t + \sigma B_t}$，其中 μ 与 σ 为常数。c_t 为该期权的价格，期权到期日为 T，执行价格为 K。根据资产定价基本定理可知，在证券市场不存在套利机会下，存在一种与原先的客观概率测度等价的概率测度，使得所有证券的贴现价格均为鞅。显然，在这种概率测度下，所有证券的期望收益率均为无风险收益率。于是，在一定的条件下，存在等价鞅测度 Q，使得

$$c_t = E_t^Q [e^{-r(T-t)} c_T] = E_t^Q [e^{-r(T-t)} \max\{S_T - K, 0\}]$$
$$= E_t^Q [e^{-r(T-t)} \max\{S_t e^{X_{T-t}} - K, 0\}]$$

注意到，在概率测度 Q 下，

$$X_{T-t} \sim N\left(\left(r - \frac{1}{2}\sigma^2\right)(T-t), \sigma^2(T-t)\right)$$

在 E_t^Q 下 S_t 是已知的，于是：

$$c_t = \int_{-\infty}^{+\infty} e^{-r(T-t)} \max\{S_t e^x - K, 0\} \frac{1}{\sqrt{2\pi\sigma^2(T-t)}} e^{-\frac{1}{2\sigma^2(T-t)}[x-(r-\frac{1}{2}\sigma^2)(T-t)]^2} dx$$
$$= \int_{\ln\frac{K}{S_t}}^{+\infty} e^{-r(T-t)} (S_t e^x - K) \frac{1}{\sqrt{2\pi\sigma^2(T-t)}} e^{-\frac{1}{2\sigma^2(T-t)}[x-(r-\frac{1}{2}\sigma^2)(T-t)]^2} dx$$

引入新变量

$$z = \frac{x - \left(r - \frac{1}{2}\sigma^2\right)(T-t)}{\sigma\sqrt{T-t}}$$

并设

$$d_2 = \frac{\ln\frac{S_t}{K} + \left(r - \frac{1}{2}\sigma^2\right)(T-t)}{\sigma\sqrt{T-t}}$$

从而

$$c_t = S_t \int_{-d_2}^{+\infty} \frac{1}{\sqrt{2\pi}} e^{-\frac{1}{2}z^2 + \sigma\sqrt{T-t}z - \frac{1}{2}\sigma^2(T-t)} dz - K e^{-r(T-t)} \int_{-d_2}^{+\infty} \frac{1}{\sqrt{2\pi}} e^{-\frac{1}{2}z^2} dz$$
$$= S_t \int_{-d_2}^{+\infty} \frac{1}{\sqrt{2\pi}} e^{-\frac{1}{2}(z-\sigma\sqrt{T-t})^2} dz - K e^{-r(T-t)} \int_{-d_2}^{+\infty} \frac{1}{\sqrt{2\pi}} e^{-\frac{1}{2}z^2} dz$$

作变换 $z-\sigma\sqrt{T-t}=x$,则

$$S_t\int_{-d_2}^{+\infty}\frac{1}{\sqrt{2\pi}}e^{-\frac{1}{2}(z-\sigma\sqrt{T-t})^2}dz=S_t\int_{-d_2-\sigma\sqrt{T-t}}^{+\infty}\frac{1}{\sqrt{2\pi}}e^{-\frac{1}{2}x^2}dx$$

$$=S_t\int_{-\infty}^{d_2+\sigma\sqrt{T-t}}\frac{1}{\sqrt{2\pi}}e^{-\frac{1}{2}x^2}dx$$

而

$$Ke^{-r(T-t)}\int_{-d_2}^{+\infty}\frac{1}{\sqrt{2\pi}}e^{-\frac{1}{2}z^2}dz=Ke^{-r(T-t)}\int_{-\infty}^{d_2}\frac{1}{\sqrt{2\pi}}e^{-\frac{1}{2}x^2}dx$$

于是

$$c_t=S_t\Phi(d_1)-Ke^{-r(T-t)}\Phi(d_2)$$

其中

$$d_1=d_2+\sigma\sqrt{T-t}$$

$$d_2=\frac{\ln\frac{S_t}{K}+\left(r-\frac{1}{2}\sigma^2\right)(T-t)}{\sigma\sqrt{T-t}}$$

6.5 | 有效市场理论

6.5.1 有效市场假说

资本市场最主要的作用就是分配经济体的资本所有权。一般地,在理想的市场中,价格提供了资源分配的准确信号。也就是说,市场中企业可以做出生产-投资决策,以及在假定任何时期的证券价格都"充分反映"了所有可以获得的信息的前提下,投资者能够在代表企业经营所有权的证券之间进行选择。如果一个市场的证券价格总是能够"充分反映"所有可以得到的信息,该市场为"有效的"。

价格已经充分反映了所有可以得到的信息,这就是有效市场假说

(Efficient Market Hypothesis，EMH)的基本命题。该基本命题意味着没有人能够持续地获得超额收益。EMH 最早由 Samuelson 和 Fama 等人提出，并由 Fama 进行了全面的阐述。1970 年，Fama 在《有效资本市场：理论和实证研究回顾》这篇经典的文献中对 EMH 进行了解释：所谓有效市场是指市场中证券价格总是能够充分体现所有可以获得信息变化的影响。Fama 认为根据资产价格所反映的信息不同，可将有效市场分为弱式有效市场、半强式有效市场和强式有效市场。在弱式有效市场中，资产价格反映了与价格变动有关的历史信息，包括历史价格水平、价格波动性与交易量等。在半强式有效市场中，资产价格反映了所有公开信息，包括资产价格变动的有关历史信息和其他信息，如公司财务报告、竞争性公司报告和宏观经济状况报告等。在强式有效市场中，资产价格反映了所有的信息，包括历史信息、公开信息乃至内幕信息。

自 1970 年以来，EMH 在现代证券理论中占有重要的地位，是现代金融经济学的理论基石之一，资本资产定价模型、套利定价理论等许多现代金融投资理论都是建立在 EMH 基础之上的。随着金融经济学的发展，EMH 在不断得到支持的同时，也引发了对其的各种争论。在弱式有效市场中，Merton 证明股票收益的方差可以由它的前期方差推导得出；在半强式有效市场中，Ball 和 Watts 发现股票价格对收益公布的反应并不充分，存在规律性的超额收益。诸如上述证券市场中异象的发现促使了行为金融学理论的产生。行为金融学提出了很多新的理论，对有效市场理论展开争论，代表性的有噪声交易者模型、投资者情绪与羊群效应模型等理论与实证研究成果。

6.5.2 公平博弈模型

EMH 的表述为价格"充分反映"了可以获得的信息，但其缺乏可检验性。为了可以进行检验，必须进一步给出价格的形成过程。本质上，我

们必须界定什么是"充分反映"。对此,Fama 提出了有效市场理论的"公平博弈"模型。设随机过程 $\{X_t, t\geq 0\}$ 为鞅,$\mathcal{F}_t = \sigma(X_s, 0\leq s\leq t)$,则根据鞅的定义可知 $E(X_{t+1}|\mathcal{F}_t) = X_t$,从而有 $E(X_{t+1} - X_t|\mathcal{F}_t) = 0$。

对于随机过程 $\{Z_t, t\geq 0\}$,若有

$$E(Z_{t+1}|\mathcal{F}_t) = 0$$

则称 $\{Z_t, t\geq 0\}$ 为"公平博弈"。显然,随机过程 $\{X_t, t\geq 0\}$ 为鞅,暗含着 $\{X_{t+1} - X_t, t\geq 0\}$ 为"公平博弈"。易知,当且仅当 $\{X_{t+1} - X_t, t\geq 0\}$ 为一个"公平博弈"时,$\{X_t, t\geq 0\}$ 才为鞅。因此,"公平博弈"有时也被称为"鞅差"。

在 Fama 提出的有效市场"公平博弈模型"中,基于有关均衡价格的预期收益理论对证券价格的形成过程表示如下:

$$E(P_{j,t+1}|\mathcal{F}_t) = [1 + E(r_{j,t+1}|\mathcal{F}_t)]P_{j,t} \qquad (6-9)$$

式中,$P_{j,t}$ 为证券 j 在 t 时刻的价格;$P_{j,t+1}$ 为证券 j 在 $(t+1)$ 时刻的价格;$\mathcal{F}_t$ 为 t 时刻假定"充分反映"在价格中的信息集;$r_{j,t+1}$ 是单期的百分比收益率。

基于信息集的均衡期望收益率 $E(r_{j,t+1}|\mathcal{F}_t)$ 可以由具体的期望收益理论来确定。式(6-9)中的条件期望算子隐含着不管使用何种期望收益模型,信息集都完全用于确定均衡期望收益。正是在这种意义上,信息集在形成证券价格时得到了"充分反映"。但是,应当注意到尽管上述表述方式简单,市场均衡条件可以用期望收益表示的假设把作为纯粹数学概念的期望值提升到了不必包含一般的市场有效概念的程度。期望收益只是回报分布众多可能的测度方式之一,市场有效本身(即价格充分反映可得信息的一般概念)并没有赋予其特殊的重要性。因此,基于该假设的检验结果在某种程度上依赖于它的有效性以及市场有效性。然而,一些类似的假设是不可避免的,为了给出有效市场理论的实证性内容必须付出一定的代价。

市场均衡条件可以用期望收益表示以及均衡期望收益的形成基于信

息集的假设具有重要的实证意义:它排除了基于信息集$\mathcal{F}_t$的交易系统可以获取超过均衡收益的可能性。

设
$$X_{j,t+1} = P_{j,t+1} - E(P_{j,t+1} | \mathcal{F}_t)$$

于是
$$E(X_{j,t+1} | \mathcal{F}_t) = 0 \quad (6-10)$$

式(6-10)意味着证券j的超市场价值$\{X_{j,t}, t \geq 0\}$为在$\{\mathcal{F}_t, t \geq 0\}$上的"公平博弈"。或者,等价地设
$$Z_{j,t+1} = r_{j,t+1} - E(r_{j,t+1} | \mathcal{F}_t)$$

于是
$$E(Z_{j,t+1} | \mathcal{F}_t) = 0 \quad (6-11)$$

显然,证券j的超均衡期望收益$\{Z_{j,t}, t \geq 0\}$也为在$\{\mathcal{F}_t, t \geq 0\}$上的"公平博弈"。因此,价格充分反映了可以获得的信息,隐含着交易过程是一个"公平博弈"。也就是说,若市场有效,则证券价格的形成过程是符合公平博弈模型的,不可能用可获得信息获得超过均衡预期收益的超常收益。从预测的角度看,市场有效的条件是超均衡期望收益的数学期望为零,即其不可预测。早期一些学者就是通过检验证券市场中公平博弈模型是否成立来验证证券市场的有效性。

在式(6-9)中,如果对任意的t和$\mathcal{F}_t$存在以下关系:
$$E(P_{j,t+1} | \mathcal{F}_t) \geq P_{j,t} \text{ 或 } E(r_{j,t+1} | \mathcal{F}_t) \geq 0$$

那么意味着证券价格序列为下鞅过程,这意味着基于信息集的下一时刻的证券期望价格大于或者等于当前时刻的证券价格。

特别地,如果$E(r_{j,t+1} | \mathcal{F}_t) = 0$,则$E(P_{j,t+1} | \mathcal{F}_t) = P_{j,t}$。那么证券价格序列为鞅过程,而此是公平博弈模型的一种特例。

习题 6

1. 设$S_n = X_1 + X_2 + \cdots + X_n$,其中$\{X_i\}$独立同分布,且$E(X_i) = 0$,

$\mathrm{Var}(X_i)=\sigma^2$,证明:$\{S_n^2-n\sigma^2\}$为鞅。

2. 设$\{X_n,n\geqslant 1\}$是二阶矩存在的鞅,$F(n)=E(X_n^2)$,证明:
$$E(|X_{n_1}-X_{n_2}|^2)=F(n_1)-F(n_2)\ (n_1\geqslant n_2)$$

3. 设$\{X_n,n\geqslant 0\}$是鞅,$E(X_n^2)<+\infty$。

(1) 证明:鞅差序列$\{Y_n=X_n-X_{n-1},n\geqslant 1\}$($Y_0=X_0$)正交,即$E(Y_iY_j)=0(i\neq j)$。

(2) 证明:对任意的正整数$k\leqslant l<m$,有$E[(X_m-X_l)X_k]=0$。

4. 设$\{X_n,n\geqslant 1\}$是鞅,$Y_n=X_n-X_{n-1}$($X_0=0$),证明:$\mathrm{Var}(X_n)=\sum_{i=1}^n\mathrm{Var}(Y_i)$。

5. 设随机序列$\{X_n,n\geqslant 0\}$的每个变量的均值都存在,且满足:
$$E(X_{n+1}|X_0,X_1,\cdots,X_n)=\alpha X_n+\beta X_{n-1},n>0$$
其中,$\alpha>0,\beta>0,\alpha+\beta=1$,求$c$使得
$$Y_n=cX_n+X_{n-1}\ (n\geqslant 1,Y_0=X_0)$$
为关于$\mathcal{F}_n=\sigma(X_k,0\leqslant k\leqslant n)(n\geqslant 0)$的鞅。

第7章
随机微积分及其在金融中的应用

本章将确定性函数的微积分推广到随机过程中,将介绍随机过程的均方微积分和 Ito 微积分,特别是 Ito 微积分。Ito 微积分在金融领域中具有重要的应用价值,本章重点介绍其在资产价格变化过程、测度变换与风险中性测度,以及 Black-Scholes 期权定价中的应用。

7.1 均方微积分

在高等数学中,涉及的确定性函数的连续、积分和微分都是在极限运算下得到的。为了将确定性函数的微积分的结果推广到随机过程中,首先需要界定随机变量序列在均方收敛意义下的极限。

【定义7-1】 (均方极限)设 $X_n, X \in L^2, L^2 = \{Y \mid E(|Y|^2) < +\infty\}$, $n = 1, 2, \cdots$,若满足

$$\lim_{n \to +\infty} E(|X_n - X|^2) = 0$$

则称随机变量序列 $\{X_n, n \geqslant 1\}$ 均方收敛于 X,并称 X 为 X_n 的均方极限,记为 $\lim_{n \to +\infty} X_n = X$。

均方极限具有如下性质:

(1) 设 $X_n, X \in L^2, n = 1, 2, \cdots$,且 $\lim_{n \to +\infty} X_n = X$,则有

$$\lim_{n \to +\infty} E(X_n) = E(X) = E(\lim_{n \to +\infty} X_n)$$

$$\lim_{n \to +\infty} E(|X_n|^2) = E(|X|^2) = E(|\lim_{n \to +\infty} X_n|^2)$$

(2) 设 $X_n, Y_n, X, Y \in L^2, n=1,2,\cdots, \lim\limits_{n\to+\infty} X_n = X, \lim\limits_{n\to+\infty} Y_n = Y$,对于任意的常数 a 和 b,有

$$\lim_{n\to+\infty}(aX_n+bY_n)=aX+bY$$

(3) 设 $X_n, Y_n, X, Y \in L^2, n=1,2,\cdots, \lim\limits_{n\to+\infty} X_n = X, \lim\limits_{m\to+\infty} Y_m = Y$,则

$$\lim_{\substack{n\to+\infty \\ m\to+\infty}} E(X_n Y_m) = E(XY) = E(\lim_{n\to+\infty} X_n \lim_{m\to+\infty} Y_m)$$

(4) 设 $X_n, X \in L^2, n=1,2,\cdots$,则 $\lim\limits_{n\to+\infty} X_n = X$ 的充要条件为

$$\lim_{\substack{n\to+\infty \\ m\to+\infty}} |X_n - X_m|^2 = 0$$

(5) 设 $X_n, X, \xi \in L^2, n=1,2,\cdots$,且 $\lim\limits_{n\to+\infty} X_n = X, \lim\limits_{n\to+\infty} X_n = \xi$,则 $X=\xi$。

下面仅证明性质(1),其他性质的证明在此不具体阐述。

证明: 利用 Cauchy-Schwarz 不等式可知

$$|E(X_n) - E(X)| = |E(X_n - X)| \leqslant E(|X_n - X|) \leqslant [E(|X_n - X|)^2]^{\frac{1}{2}}$$

由于 $\lim\limits_{n\to+\infty} X_n = X$,即 $\lim\limits_{n\to+\infty} E(|X_n - X|^2) = 0$,于是有

$$\lim_{n\to+\infty} E(X_n) = E(X) = E(\lim_{n\to+\infty} X_n)$$

利用 Minkowski 不等式可知

$$\sqrt{E(|X_n|^2)} = \sqrt{E(|X+X_n-X|^2)} \leqslant \sqrt{E(|X|^2)} + \sqrt{E(|X_n-X|^2)}$$

$$\sqrt{E(|X|^2)} = \sqrt{E(|X-X_n+X_n|^2)} \leqslant \sqrt{E(|X_n|^2)} + \sqrt{E(|X_n-X|^2)}$$

于是有

$$|\sqrt{E(|X_n|^2)} - \sqrt{E(|X|^2)}| \leqslant \sqrt{E(|X_n-X|^2)}$$

由于 $\lim\limits_{n\to+\infty} X_n = X$,即 $\lim\limits_{n\to+\infty} E(|X_n-X|^2) = 0$,于是有

$$\lim_{n\to+\infty} E(|X_n|^2) = E(|X|^2) = E(|\lim_{n\to+\infty} X_n|^2)$$

在上述均方极限的定义下,类似于高等数学中的确定性函数,我们可以给出随机过程的相应的连续、微分和积分的概念,具体如下。

【定义 7-2】 (均方连续)设随机过程 $\{X_t, t \in T\}$ 为二阶矩过程,如果对 $t_0 \in T$,有

$$\lim_{h\to 0} E(|X_{t_0+h} - X_{t_0}|^2) = 0$$

则称随机过程$\{X_t, t \in T\}$在t_0处均方连续。如果$\{X_t, t \in T\}$对T中的任意的t都均方连续,则称随机过程$\{X_t, t \in T\}$在T上均方连续。

【定义7-3】 (均方导数)设随机过程$\{X_t, t \in T\}$与$\{\widetilde{X}_t, t \in T\}$为二阶矩过程,如果对$t_0 \in T$,有

$$\lim_{h \to 0} E\left(\left|\frac{X_{t_0+h} - X_{t_0}}{h} - \widetilde{X}_{t_0}\right|^2\right) = 0$$

则称随机过程$\{X_t, t \in T\}$在t_0处均方可微(导),$\widetilde{X}_{t_0}$为X_t在t_0处的均方导数。如果随机过程$\{X_t, t \in T\}$对T中的任意的t都均方可微(导),则称随机过程$\{X_t, t \in T\}$在T上均方可微(导),记其均方导数为X'_t或$\frac{\mathrm{d}X_t}{\mathrm{d}t}$。

【定义7-4】 (均方积分)设随机过程$\{X_t, t \in T\}$为二阶矩过程,$f(t), t \in T$为确定性函数,对$T=[a,b]$的一组分点:

$$a = t_0 < t_1 < \cdots < t_n = b, \Delta_n = \max_{1 \leq k \leq n}\{t_k - t_{k-1}\}$$

令

$$I_n = \sum_{k=1}^{n} f(x_k) X_{x_k}(t_k - t_{k-1})$$

式中,$x_k \in [t_{k-1}, t_k], k=1,2,\cdots,n$。显然,$E(|I_n|^2) < +\infty$。当$\Delta_n \to 0$时,$I_n$均方收敛,且与$T$的划分和$x_k$的取值均无关,则称$f(t)X_t$在$[a,b]$上均方可积,其极限记为

$$\int_a^b f(t) X_t \mathrm{d}t$$

称为$f(t)X_t$在$[a,b]$上的均方积分。

如果$\lim_{b \to +\infty} \int_a^b f(t) X_t \mathrm{d}t$存在,则记为

$$\int_a^{+\infty} f(t) X_t \mathrm{d}t = \lim_{b \to +\infty} \int_a^b f(t) X_t \mathrm{d}t$$

并称其为$f(t)X_t$在$[a, +\infty)$上的广义均方积分。

特别地,当$f(t)=1$时,$\int_a^b X_t \mathrm{d}t$和$\int_a^{+\infty} X_t \mathrm{d}t$分别为$X_t$在$[a,b]$和

$[a,+\infty)$ 上的均方积分和广义均方积分。

注意：均方积分的构造与确定性函数的黎曼积分的构造思想是一致的，这说明均方积分具有黎曼积分的形式，因此均方积分也被称作黎曼均方积分。但是两者具有本质的差异，前者是对随机函数的积分，故采用的是均方极限；而后者是对确定性函数的积分，采用的是高等数学中的一般极限。

均方积分与黎曼积分具有一些类似的性质，如黎曼积分具有牛顿-莱布尼茨公式，可将此推广到均方积分中，即为均方微积分的基本公式，下面我们不加证明地给出该基本公式。

【定理 7-1】 （均方微积分的基本公式）设 X_t 在 $[a,b]$ 上均方可微，X_t' 在 $[a,b]$ 上均方连续，则有

$$X_b - X_a = \int_a^b X_t' \mathrm{d}t$$

对于黎曼积分 $\int_a^b f(x) \mathrm{d}x$，可以将其推广到黎曼-斯蒂尔切斯（Riemann-Stieltjes）积分 $\int_a^b f(x) \mathrm{d}g(x)$。类似地，可将均方积分的概念推广到 Riemann-Stieltjes 均方积分。

【定义 7-5】 （Riemann-Stieltjes 均方积分）设随机过程 $\{X_t, t \in T\}$ 为二阶矩过程，$f(t)$ 为 T 上的确定性连续函数，对 $T=[a,b]$ 的一组分点：

$$a = t_0 < t_1 < \cdots < t_n = b, \Delta_n = \max_{1 \leqslant k \leqslant n} \{t_k - t_{k-1}\}$$

令

$$\bar{I}_n = \sum_{k=1}^n f(x_k)(X_{t_k} - X_{t_{k-1}})$$

$$\tilde{I}_n = \sum_{k=1}^n X_{x_k}[f(t_k) - f(t_{k-1})]$$

如果当 $\Delta_n \to 0$ 时，$\bar{I}_n$ 均方收敛，且与 T 的划分和 x_k 的取值均无关，则称 $\bar{I}_n$ 的极限 $\int_a^b f(t) \mathrm{d}X_t$ 为 $f(t)$ 关于 X_t 的 Riemann-Stieltjes 均方积分；如果

当 $\Delta_n \to 0$ 时，$\tilde{I}_n$ 均方收敛，且与 T 的划分和 x_k 的取值均无关，则称 $\tilde{I}_n$ 的极限 $\int_a^b X_t \mathrm{d}f(t)$ 为 X_t 关于 $f(t)$ 的 Riemann-Stieltjes 均方积分。

均方积分具有如下性质：

(1) 若 X_t 在 $[a,b]$ 上均方连续，k 为不为零的常数，则 kX_t 在 $[a,b]$ 上均方可积，且

$$\int_a^b kX_t \mathrm{d}t = k\int_a^b X_t \mathrm{d}t$$

(2) 若 X_t 和 Y_t 在 $[a,b]$ 上均方可积，k_1 和 k_2 为常数，则有

$$\int_a^b (k_1 X_t + k_2 Y_t)\mathrm{d}t = k_1 \int_a^b X_t \mathrm{d}t + k_2 \int_a^b Y_t \mathrm{d}t$$

(3) 若 X_t 在 $[a,b]$ 上均方可积，$a<c<b$，则有

$$\int_a^b X_t \mathrm{d}t = \int_a^c X_t \mathrm{d}t + \int_c^b X_t \mathrm{d}t$$

(4) 若 X_t 在 $[a,b]$ 上均方连续，$Y_t = \int_a^t X_u \mathrm{d}u (a \leqslant t \leqslant b)$，则 Y_t 为随机过程，且在 $[a,b]$ 上均方连续和均方可导，且 $Y'_t = X_t$。

(5) 若 X_t 在 $[a,b]$ 上均方可积，则有

$$E\left(\int_a^b X_t \mathrm{d}t\right) = \int_a^b E(X_t) \mathrm{d}t$$

$$\mathrm{Var}\left(\int_a^b X_t \mathrm{d}t\right) = \int_a^b \int_a^b [E(X_t X_s) - E(X_t)E(X_s)] \mathrm{d}t \mathrm{d}s$$

下面仅证明均方积分性质(5)，其他性质的证明在此不具体阐述。

证明：对 $[a,b]$ 的一组分点：

$$a = t_0 < t_1 < \cdots < t_n = b, \Delta_n = \max_{1 \leqslant k \leqslant n}\{t_k - t_{k-1}\}$$

由均方积分的定义，可知

$$E\left(\int_a^b X_t \mathrm{d}t\right) = E\left[\lim_{\Delta_n \to 0} \sum_{k=1}^n X_{x_k}(t_k - t_{k-1})\right]$$

$$= \lim_{\Delta_n \to 0} \sum_{k=1}^n E(X_{x_k})(t_k - t_{k-1}) = \int_a^b E(X_t) \mathrm{d}t$$

设 $Y_t = \int_a^b X_t \mathrm{d}t$,于是

$$Y_t^2 = \int_a^b X_t \mathrm{d}t \int_a^b X_s \mathrm{d}s = \int_a^b \int_a^b X_t X_s \mathrm{d}t \mathrm{d}s$$

进而可得

$$E(Y_t^2) = \int_a^b \int_a^b E(X_t X_s) \mathrm{d}t \mathrm{d}s$$

所以

$$\mathrm{Var}\left(\int_a^b X_t \mathrm{d}t\right) = \int_a^b \int_a^b E(X_t X_s) \mathrm{d}t \mathrm{d}s - \int_a^b E(X_t) \mathrm{d}t \int_a^b E(X_s) \mathrm{d}s$$

$$= \int_a^b \int_a^b [E(X_t X_s) - E(X_t) E(X_s)] \mathrm{d}t \mathrm{d}s$$

7.2 Ito 微积分

用下面微分方程表示资产价格 S_t 的动态变化行为:

$$\mathrm{d}S_t = a(t, S_t) \mathrm{d}t + \sigma(t, S_t) \mathrm{d}B_t \tag{7-1}$$

式中,$B_t (t \geqslant 0)$ 为标准 Brown 运动。此微分方程的直观解释为:随着时间的推移 $\mathrm{d}t$ 和 Brown 运动的变化 $\mathrm{d}B_t = B_{t+\mathrm{d}t} - B_t$,导致了资产价格的改变 $\mathrm{d}S_t = S_{t+\mathrm{d}t} - S_t$。其中,$\mathrm{d}t$ 和 $\mathrm{d}B_t$ 的系数分别为 $a(t, S_t)$ 与 $\sigma(t, S_t)$。

对式(7-1)两边积分有:

$$\int_0^t \mathrm{d}S_u = \int_0^t a(u, S_u) \mathrm{d}u + \int_0^t \sigma(u, S_u) \mathrm{d}B_u \tag{7-2}$$

式(7-2)中等式右边的第一项为前面介绍的均方积分,而第二项积分是否有意义呢? 为解释此项积分的含义,需要引入 Ito 积分。

7.2.1 Ito 积分的定义

下面分析如下形式的随机积分:

$$\int_a^b X_t \mathrm{d}B_t \tag{7-3}$$

式中，B_t 为标准 Brown 运动，随机过程 $\{X_t, t \geq 0\}$ 关于 Brown 运动生成的 $\{\mathcal{F}_t, t \geq 0\}$ 适应。

讨论上述形式积分的基本要素是标准 Brown 运动 B_t 以及由其生成的 σ-代数流 $\{\mathcal{F}_t, t \geq 0\}$。我们要求随机过程 $\{X_t, t \geq 0\}$ 关于 $\{\mathcal{F}_t, t \geq 0\}$ 适应，这是因为如将 X_t 看作 t 时刻持有资产的头寸，通常依赖于截止时刻 t 的资产价格路径。依赖于随机过程路径的任何量都是随机的。要求 $\{X_t, t \geq 0\}$ 关于 $\{\mathcal{F}_t, t \geq 0\}$ 适应意味着对于任意的 t，X_t 关于 $\mathcal{F}_t$ 可测。也就是，在 t 时刻能够获得的信息足以确定该时刻 X_t 的值。对于正数 t，在初始时刻，X_t 是未知的，为随机变量。到了 t 时刻，我们有足够的信息确定 X_t 的值，其随机性得到消除。

根据 Brown 运动的独立增量性质，t 时刻之后 Brown 运动的增量独立于 $\mathcal{F}_t$，而 X_t 关于 $\mathcal{F}_t$ 可测，因此 X_t 也独立于未来的 Brown 运动的增量。持有的资产头寸可以依赖于该资产历史价格，但是必须独立于驱动价格过程的 Brown 运动的未来增量。

【定义 7-6】（Ito 积分）设 B_t 为标准 Brown 运动，其生成的 σ-代数流为 $\{\mathcal{F}_t, t \geq 0\}$，随机过程 $\{X_t, t \geq 0\}$ 关于 $\{\mathcal{F}_t, t \geq 0\}$ 适应。对 $[a, b]$ 的任意一组分点：$a = t_0 < t_1 < \cdots < t_n = b$，$\Delta_n = \max\limits_{1 \leq k \leq n} \{t_k - t_{k-1}\}$，令

$$I_n = \sum_{k=1}^{n} X_{t_{k-1}} (B_{t_k} - B_{t_{k-1}})$$

如果当 $\Delta_n \to 0$ 时，I_n 均方收敛，则称 I_n 的极限 $\int_a^b X_t \mathrm{d}B_t$ 为 X_t 关于 B_t 的 Ito 积分。

注 1：$\mathrm{d}B_t$ 只是一个记号，不是数学上的微分，这是因为 Brown 运动几乎处处不可微。

由于 $B_{t+\Delta t} - B_t \sim N(0, \Delta t)$，对任意的正数 M，易知当 $\Delta t \to 0$ 时，$P\left(\left|\dfrac{B_{t+\Delta t} - B_t}{\Delta t}\right| \leq M\right) = \Phi(M\sqrt{\Delta t}) - \Phi(-M\sqrt{\Delta t}) \to 0$，其中 $\Phi(x)$ 为标

准正态分布函数。可见,Brown 运动在任意一点 t 处存在有限导数的概率为 0。

注 2:如果在 I_n 中 X_t 的 t 值不取间隔的左端点,那么当 $\Delta_n \to 0$ 时,I_n 并不存在均方极限。因此,在定义 Ito 积分时,规定和式中 X_t 的 t 值取间隔的左端点,而此与其他积分是不同的,同时具有重要的现实经济含义。

设 $t_0, t_1, \cdots, t_{n-1}$ 为资产的交易日,$X_{t_0}, X_{t_1}, \cdots, X_{t_{n-1}}$ 是从每个交易日持有至下一个交易日的资产头寸,B_t 看作每份资产在 t 时刻的价格。注意到,由于 Brown 运动可以取正值也可以取负值,因此对股票之类的有限责任资产的价格,它并非一个好的模型,此处只是为了给出一个说明。于是在 t 时刻($t_k \leqslant t \leqslant t_{k+1}$),持有资产的收益为:

$$I_t = \sum_{j=1}^{k} X_{t_{j-1}}(B_{t_j} - B_{t_{j-1}}) + X_{t_k}(B_t - B_{t_k})$$

在上面求和式中,X_t 的 t 值取间隔的左端点。

注 3:通过各种积分定义,可知黎曼积分、Riemann-Stieltjes 积分、均方积分、Riemann-Stieltjes 均方积分和 Ito 积分的思想都是分割、求和与取极限。将确定性函数积分推广到随机函数时,极限由原来的普通极限变为均方极限。

【**例 7-1**】 试求 $\int_a^b B_t \mathrm{d}B_t$。

解:设 $T=[a,b]$ 的一组分点为:

$$a = t_0 < t_1 < \cdots < t_n = b, \Delta_n = \max_{1 \leqslant k \leqslant n} \{t_k - t_{k-1}\}$$

注意到

$$B_{t_n}^2 - B_{t_0}^2 = \sum_{k=1}^{n} (B_{t_k}^2 - B_{t_{k-1}}^2)$$

$$\sum_{k=1}^{n} (B_{t_k} - B_{t_{k-1}})^2 - (B_{t_n}^2 - B_{t_0}^2) = \sum_{k=1}^{n} [(B_{t_k} - B_{t_{k-1}})^2 - (B_{t_k}^2 - B_{t_{k-1}}^2)]$$

$$= -2 \sum_{k=1}^{n} B_{t_{k-1}}(B_{t_k} - B_{t_{k-1}})$$

于是有

$$I_n = \sum_{k=1}^{n} B_{t_{k-1}}(B_{t_k} - B_{t_{k-1}}) = \frac{1}{2}(B_b^2 - B_a^2) - \frac{1}{2}\sum_{k=1}^{n}(B_{t_k} - B_{t_{k-1}})^2$$

记

$$\Delta B_k = B_{t_k} - B_{t_{k-1}}, \Delta t_k = t_k - t_{k-1}$$

注意到

$$E(\Delta B_k)^2 = \Delta t_k, E(\Delta B_k)^4 = 3(\Delta t_k)^2$$

于是有

$$E\left[\left|\sum_{k=1}^{n}(\Delta B_k)^2 - (b-a)\right|^2\right] = E\left[\left|\sum_{k=1}^{n}[(\Delta B_k)^2 - \Delta t_k]\right|^2\right]$$

$$= \sum_{k=1}^{n} E[(\Delta B_k)^2 - \Delta t_k]^2 + \sum_{i \neq j}\{E[(\Delta B_i)^2 - \Delta t_i][(\Delta B_j)^2 - \Delta t_j]\}$$

$$= \sum_{k=1}^{n} E[(\Delta B_k)^2 - \Delta t_k]^2 + \sum_{i \neq j} E[(\Delta B_i)^2 - \Delta t_i] E[(\Delta B_j)^2 - \Delta t_j]$$

$$= \sum_{k=1}^{n} E[(\Delta B_k)^4 - 2(\Delta B_k)^2 \Delta t_k + (\Delta t_k)^2]$$

$$= 2\sum_{k=1}^{n}(\Delta t_k)^2 \leqslant 2\Delta_n \sum_{k=1}^{n}(\Delta t_k) = 2(b-a)\Delta_n$$

从而

$$\lim_{\Delta_n \to 0} \sum_{k=1}^{n}(B_{t_k} - B_{t_{k-1}})^2 = b - a$$

因此

$$\int_a^b B_t \mathrm{d}B_t = \frac{1}{2}(B_b^2 - B_a^2) - \frac{1}{2}(b-a)$$

这个例子说明 Ito 积分不同于确定性函数的黎曼积分,因为 $\int_a^b x \mathrm{d}x = \frac{1}{2}(b^2 - a^2)$,积分没有 $-\frac{1}{2}(b-a)$ 这一项。下面我们借助这个例题,进一步说明 Ito 积分中只能取分割间隔的左端点。

在例 7-1 中,将 X_t 的 t 值取间隔的右端点,可得下面的求和:

$$\hat{I}_n = \sum_{k=1}^{n} B_{t_k}(B_{t_k} - B_{t_{k-1}})$$

显然有

$$\hat{I}_n - I_n = \sum_{k=1}^{n}(B_{t_k} - B_{t_{k-1}})^2$$

于是

$$\hat{I}_n = \frac{1}{2}(B_b^2 - B_a^2) - \frac{1}{2}\sum_{k=1}^{n}(B_{t_k} - B_{t_{k-1}})^2 + \sum_{k=1}^{n}(B_{t_k} - B_{t_{k-1}})^2$$

$$= \frac{1}{2}(B_b^2 - B_a^2) + \frac{1}{2}\sum_{k=1}^{n}(B_{t_k} - B_{t_{k-1}})^2$$

从而在均方收敛下 $\hat{I}_n$ 的极限为

$$\lim_{\Delta_n \to 0} \hat{I}_n = \frac{1}{2}(B_b^2 - B_a^2) + \frac{1}{2}(b-a)$$

可见,若 Ito 积分定义中 t 取间隔中任意值,则求和的均方极限将不存在,所以只取间隔的左端点。若取其他的点,则可得其他类型的积分,如取间隔的中点,此时积分便为 Stratonovich 积分。

7.2.2 Ito 积分的性质

与确定性函数积分类似,Ito 积分具有如下性质。若 Ito 积分 $\int_a^b X_t dB_t$ 与 $\int_a^b Y_t dB_t$ 存在,则

(1) 对任意常数 α 与 β,有

$$\int_a^b (\alpha X_t + \beta Y_t) dB_t = \alpha \int_a^b X_t dB_t + \beta \int_a^b Y_t dB_t$$

(2) 若 $a \leqslant c \leqslant b$,则有

$$\int_a^b X_t dB_t = \int_a^c X_t dB_t + \int_c^b X_t dB_t$$

(3) $Y_t = \int_a^t X_s dB_s, a \leqslant t \leqslant b$ 存在且关于 t 是均方连续的。

【定理 7-2】 设 $I_t = \int_0^t X_s dB_s$,则 $E(I_t) = 0, E(I_t^2) = \text{Var}(I_t) =$

$\int_0^t E(X_u^2)\mathrm{d}u$。

证明：由 Ito 积分定义可知

$$I_t = \int_0^t X_s \mathrm{d}B_s = \lim_{\Delta_n \to 0} \sum_{k=1}^n X_{t_{k-1}}(B_{t_k} - B_{t_{k-1}})$$

根据 Brown 运动的独立增量性质与 X_t 关于 $\mathcal{F}_t$ 可测，于是 $X_{t_{k-1}}$ 与 $B_{t_k} - B_{t_{k-1}}$ 相互独立，进而

$$E(I_t) = \lim_{\Delta_n \to 0} E\left[\sum_{k=1}^n X_{t_{k-1}}(B_{t_k} - B_{t_{k-1}})\right] = \lim_{\Delta_n \to 0} \sum_{k=1}^n E(X_{t_{k-1}})E(B_{t_k} - B_{t_{k-1}}) = 0$$

进一步可知

$$\mathrm{Var}(I_t) = E(I_t^2) - [E(I_t)]^2 = E\left[\left(\int_0^t X_u \mathrm{d}B_u\right)^2\right]$$

$$= E\left[\lim_{\Delta_n \to 0}\sum_{j=1}^n X_{t_{j-1}}(B_{t_j} - B_{t_{j-1}})\lim_{\Delta_n \to 0}\sum_{k=1}^n X_{t_{k-1}}(B_{t_k} - B_{t_{k-1}})\right]$$

$$= E\left[\lim_{\Delta_n \to 0}\sum_{j=1}^n \sum_{k=1}^n X_{t_{j-1}} X_{t_{k-1}}(B_{t_j} - B_{t_{j-1}})(B_{t_k} - B_{t_{k-1}})\right]$$

注意到 $j \neq k$ 时，不妨假设 $j < k$，有 $X_{t_{j-1}} X_{t_{k-1}}(B_{t_j} - B_{t_{j-1}})$ 与 $B_{t_k} - B_{t_{k-1}}$ 相互独立，则

$$E[X_{t_{j-1}} X_{t_{k-1}}(B_{t_j} - B_{t_{j-1}})(B_{t_k} - B_{t_{k-1}})]$$
$$= E[X_{t_{j-1}} X_{t_{k-1}}(B_{t_j} - B_{t_{j-1}})]E(B_{t_k} - B_{t_{k-1}}) = 0$$

可得

$$\mathrm{Var}(I_t) = E\left[\lim_{\Delta_n \to 0}\sum_{k=1}^n X_{t_{k-1}}^2 (B_{t_k} - B_{t_{k-1}})^2\right]$$

$$= \lim_{\Delta_n \to 0}\sum_{k=1}^n E(X_{t_{k-1}}^2) E(B_{t_k} - B_{t_{k-1}})^2$$

$$= \lim_{\Delta_n \to 0}\sum_{k=1}^n E(X_{t_{k-1}}^2)(t_k - t_{k-1})$$

$$= \int_0^t E(X_u^2) \mathrm{d}u$$

【定理 7-3】 假设 $X_t(0 \leqslant t \leqslant T)$ 满足 $E\left(\int_0^t X_u^2 \mathrm{d}u\right) < +\infty$，则 $I_t =$

$\int_0^t X_s \mathrm{d}B_s$ 为鞅。

证明：注意到在 Ito 积分中，X_t 关于 $\mathcal{F}_t$ 可测，同时由于 $E\left(\int_0^t X_u^2 \mathrm{d}u\right) < +\infty$，易知 I_t 关于 $\mathcal{F}_t$ 可测，且 $E(|I_t|) < +\infty$。对任意的 $s, t \geqslant 0$，有

$$E(I_{s+t} | \mathcal{F}_s) = E(I_s + I_{s+t} - I_s | \mathcal{F}_s) = E(I_s | \mathcal{F}_s) + E(I_{s+t} - I_s | \mathcal{F}_s)$$

$$= I_s + E(I_{s+t} - I_s | \mathcal{F}_s)$$

$$I_{s+t} - I_s = \int_s^{s+t} X_u \mathrm{d}B_u = \lim_{\Delta_n \to 0} \sum_{k=1}^n X_{t_{k-1}} (B_{t_k} - B_{t_{k-1}})$$

式中，$s = t_0 < t_1 < \cdots < t_n = s + t$。注意到 $B_{t_k} - B_{t_{k-1}}$ 与 $X_{t_{k-1}}$、$\mathcal{F}_s$ 都相互独立。于是有

$$E(I_{s+t} - I_s | \mathcal{F}_s) = E\left[\lim_{\Delta_n \to 0} \sum_{k=1}^n X_{t_{k-1}} (B_{t_k} - B_{t_{k-1}}) \Big| \mathcal{F}_s\right]$$

$$= \lim_{\Delta_n \to 0} \sum_{k=1}^n E(B_{t_k} - B_{t_{k-1}}) E(X_{t_{k-1}} | \mathcal{F}_s) = 0$$

从而可得 $E(I_{s+t} | \mathcal{F}_s) = I_s$。综上分析可知，$I_t = \int_0^t X_s \mathrm{d}B_s$ 为鞅。

【例 7-2】 若 $0 \leqslant s < t$，求 $E\left[B_s^2 \left(\int_s^t B_u \mathrm{d}B_u\right)^2\right]$。

解：根据定理 7-2 可知

$$E\left[B_s^2 \left(\int_s^t B_u \mathrm{d}B_u\right)^2\right] = E\left[\left(\int_s^t B_s B_u \mathrm{d}B_u\right)^2\right] = \int_s^t E(B_s B_u)^2 \mathrm{d}u$$

由于 $s \leqslant u$，因此

$$E(B_s B_u)^2 = E[B_s^2 (B_u - B_s + B_s)^2]$$

$$= E[B_s^2 (B_u - B_s)^2 + B_s^4 + 2B_s^3 (B_u - B_s)]$$

$$= E[B_s^2 (B_u - B_s)^2] + E(B_s^4) + 2E[B_s^3 (B_u - B_s)]$$

由 Brown 运动独立增量性质可知

$$E[B_s^2 (B_u - B_s)^2] = E(B_s^2) E(B_u - B_s)^2 = s(u-s)$$

$$2E[B_s^3 (B_u - B_s)] = 2E(B_s^3) E(B_u - B_s) = 0$$

注意到 $E(B_s^4) = 3s^2$，于是

$$E(B_sB_u)^2 = s(u-s) + 3s^2 = 2s^2 + su$$

因此

$$E\left[B_s^2\left(\int_s^t B_u \mathrm{d}B_u\right)^2\right] = \int_s^t (2s^2 + su)\mathrm{d}u = \frac{1}{2}s(t+5s)(t-s)$$

7.2.3 Ito 微分法则

如果随机过程 $X_t(t \geq 0)$ 可以表示为：对任意的 $0 \leq t_0 < t$，

$$X_t = X_{t_0} + \int_{t_0}^t a_s \mathrm{d}s + \int_{t_0}^t b_s \mathrm{d}B_s$$

或者表示为随机微分形式

$$\mathrm{d}X_t = a_t \mathrm{d}t + b_t \mathrm{d}B_t$$

则称 $X_t(t \geq 0)$ 为 Ito 过程。

注 1：此处的随机微分不同于均方微分，因为 Ito 过程中第二个积分是 Ito 积分。

注 2：随机微分与普通微分不同。因为 $\int_0^t B_s \mathrm{d}B_s = \frac{1}{2}(B_t^2 - t)$，于是 $B_t^2 = t + 2\int_0^t B_s \mathrm{d}B_s$。由随机微分的定义可知，$\mathrm{d}B_t^2 = \mathrm{d}t + 2B_t \mathrm{d}B_t$。显然可见，随机微分与普通微分不同。

衍生金融资产价格的变化是与标的资产的价格变化相关的，因此如果当前标的资产价格为 S_t，则相应的衍生资产价格可记为 $F(t, S_t)$。对于 $F(t, S_t)$ 而言，重要的不是其具有何种随机过程的特征，而是其与标的资产价格过程 S_t 之间有什么样的关系。Ito 公式，亦称为 Ito 引理或者 Ito-Doeblin 公式，提供了一条类似复合函数微分法那样的链式法则，将 $F(t, S_t)$ 与 S_t 的变化过程连接起来。根据这个链式法则，只要确定了标的资产的一个合适过程，我们立即可得关于衍生资产的运动过程，这为衍生资产定价提供了强大的理论支撑。

【定理 7-4】 （一维 Ito 公式）设 $f(t, x)$ 是一个二元连续可微的非随机函数，随机过程$\{X_t, t \geqslant 0\}$满足如下形式：

$$dX_t = a(t, X_t)dt + b(t, X_t)dB_t \tag{7-4}$$

令 $Y_t = f(t, X_t)$，则随机过程$\{Y_t, t \geqslant 0\}$满足

$$dY_t = \left[\frac{\partial f(t, X_t)}{\partial t} + a(t, X_t)\frac{\partial f(t, X_t)}{\partial x} + \frac{b^2(t, X_t)}{2}\frac{\partial^2 f(t, X_t)}{\partial x^2}\right]dt + b(t, X_t)\frac{\partial f(t, X_t)}{\partial x}dB_t \tag{7-5}$$

证明： Ito 公式的推导主要使用了二元函数的泰勒展开式，并且取到二阶项。

设一般函数 $y = f(t, x)$，在点 (t, x) 处进行二元函数泰勒展开，并取到二阶项，可得

$$\Delta y = \frac{\partial f(t, x)}{\partial t}\Delta t + \frac{\partial f(t, x)}{\partial x}\Delta x + \frac{1}{2!}\left[\frac{\partial^2 f(t, x)}{\partial t^2}(\Delta t)^2 + 2\frac{\partial^2 f(t, x)}{\partial t \partial x}\Delta t \Delta x + \frac{\partial^2 f(t, x)}{\partial x^2}(\Delta x)^2\right]$$

根据上式可得

$$\Delta Y_t = \frac{\partial f(t, X_t)}{\partial t}\Delta t + \frac{\partial f(t, X_t)}{\partial x}\Delta X_t + \frac{1}{2}\left[\frac{\partial^2 f(t, X_t)}{\partial t^2}(\Delta t)^2 + 2\frac{\partial^2 f(t, X_t)}{\partial t \partial x}\Delta t \Delta X_t + \frac{\partial^2 f(t, X_t)}{\partial x^2}(\Delta X_t)^2\right] \tag{7-6}$$

而式(7-4)离散化表示为

$$\Delta X_t = a(t, X_t)\Delta t + b(t, X_t)\sqrt{\Delta t}\varepsilon \tag{7-7}$$

其中，$\varepsilon \sim N(0, 1)$。于是有

$$(\Delta X_t)^2 = b^2(t, X_t)\Delta t \varepsilon^2 + o(\Delta t) \tag{7-8}$$

由于 $\Delta t \varepsilon^2$ 的期望值为 Δt，方差的阶数为 $(\Delta t)^2$，因此，当 $\Delta t \to 0$ 时，$\Delta t \varepsilon^2$ 变为非随机项且等于 Δt 的期望值。因此，式(7-8)右边第一项变为非随机项，并且当 $\Delta t \to 0$ 时其等于 $b^2(t, X_t)dt$。

由式(7-7)得

$$\Delta X_t \Delta t = a(t,X_t)(\Delta t)^2 + b(t,X_t)\Delta t \sqrt{\Delta t}\varepsilon = o(\Delta t)$$

于是当 $\Delta x \to 0, \Delta t \to 0$ 时，根据式(7-6)可得

$$dY_t = \frac{\partial f(t,X_t)}{\partial t}dt + \frac{\partial f(t,X_t)}{\partial x}dX_t + \frac{1}{2}\frac{\partial^2 f(t,X_t)}{\partial x^2}b^2(t,X_t)dt$$

将式(7-4)代入上式，可得 Ito 公式。

注 1：对任意的 $0 \leq t_0 < t'$，式(7-4)可以写成积分形式：

$$X_{t'} = X_{t_0} + \int_{t_0}^{t'} a(t,X_t)dt + \int_{t_0}^{t'} b(t,X_t)dB_t$$

式(7-5)可以写成积分形式：

$$Y_{t'} = Y_{t_0} + \int_{t_0}^{t'} \left[\frac{\partial f(t,X_t)}{\partial t} + a(t,X_t)\frac{\partial f(t,X_t)}{\partial x} + \frac{b^2(t,X_t)}{2}\frac{\partial^2 f(t,X_t)}{\partial x^2}\right]dt + \int_{t_0}^{t'} b(t,X_t)\frac{\partial f(t,X_t)}{\partial x}dB_t$$

注 2：$\frac{\partial f(t,X_t)}{\partial t}$、$\frac{\partial f(t,X_t)}{\partial x}$、$\frac{\partial^2 f(t,X_t)}{\partial x^2}$ 是关于 (t,X_t) 的函数，它们是将确定性函数 $f(t,x)$ 的导函数中的变量 x 换成随机变量 X_t 得到的。

注 3：在上面证明过程中，我们也可以得到 Y_t 与 X_t 之间的关系：

$$dY_t = \frac{\partial f(t,X_t)}{\partial t}dt + \frac{\partial f(t,X_t)}{\partial x}dX_t + \frac{1}{2}\frac{\partial^2 f(t,X_t)}{\partial x^2}(dX_t)^2$$

其与式(7-5)是等价的。

定理 7-4 给出了一维 Ito 公式，可以将其推广到一般多维形式，为了使得记号尽可能简单，下面不加证明地给出二维 Ito 公式。

【定理 7-5】 （二维 Ito 公式）设非随机函数 $f(t,x,y)$ 的各一阶和二阶偏导数均存在且连续，随机过程 $\{X_t, t \geq 0\}$ 与 $\{Y_t, t \geq 0\}$ 为 Ito 过程，则有：

$$df(t,X_t,Y_t) = \frac{\partial f(t,X_t,Y_t)}{\partial t}dt + \frac{\partial f(t,X_t,Y_t)}{\partial x}dX_t + \frac{\partial f(t,X_t,Y_t)}{\partial y}dY_t +$$

$$\frac{\partial^2 f(t,X_t,Y_t)}{\partial x \partial y}\mathrm{d}X_t\mathrm{d}Y_t + \frac{1}{2}\frac{\partial^2 f(t,X_t,Y_t)}{\partial x^2}(\mathrm{d}X_t)^2 +$$

$$\frac{1}{2}\frac{\partial^2 f(t,X_t,Y_t)}{\partial y^2}(\mathrm{d}Y_t)^2$$

令 $f(t,x,y)=xy$,根据定理 7-5,可得 Ito 乘法法则。

【定理 7-6】 (Ito 乘法法则)设随机过程 $\{X_t,t\geqslant 0\}$ 与 $\{Y_t,t\geqslant 0\}$ 为 Ito 过程,则有

$$\mathrm{d}(X_tY_t)=X_t\mathrm{d}Y_t+Y_t\mathrm{d}X_t+\mathrm{d}X_t\mathrm{d}Y_t$$

【例 7-3】 计算 $\int_0^t B_s\mathrm{d}B_s$。

解:令 $X_t=B_t$, $f(t,x)=x^2$,则有

$$\mathrm{d}X_t=0\times\mathrm{d}t+1\times\mathrm{d}B_t$$

$$\frac{\partial f(t,x)}{\partial t}=0,\frac{\partial f(t,x)}{\partial x}=2x,\frac{\partial^2 f(t,x)}{\partial x^2}=2$$

根据 Ito 公式可得

$$B_t^2=B_0^2+\int_0^t\mathrm{d}s+2\int_0^t B_s\mathrm{d}B_s$$

因此

$$\int_0^t B_s\mathrm{d}B_s=\frac{1}{2}(B_t^2-t)$$

【例 7-4】 计算 $\int_0^t s\mathrm{d}B_s$。

解:令 $X_t=B_t$, $f(t,x)=tx$,则有

$$\mathrm{d}X_t=0\times\mathrm{d}t+1\times\mathrm{d}B_t$$

$$\frac{\partial f(t,x)}{\partial t}=x,\frac{\partial f(t,x)}{\partial x}=t,\frac{\partial^2 f(t,x)}{\partial x^2}=0$$

根据 Ito 公式可得

$$tB_t=\int_0^t B_s\mathrm{d}s+\int_0^t s\mathrm{d}B_s$$

因此

$$\int_0^t s\mathrm{d}B_s = tB_t - \int_0^t B_s \mathrm{d}s$$

【例7-5】 求随机微分 $\mathrm{d}Y_t = \mathrm{d}B_t^2$。

解：令 $X_t = B_t$，$f(t,x) = x^2$，则有

$$\mathrm{d}X_t = 0 \times \mathrm{d}t + 1 \times \mathrm{d}B_t$$

$$\frac{\partial f(t,x)}{\partial t} = 0, \frac{\partial f(t,x)}{\partial x} = 2x, \frac{\partial^2 f(t,x)}{\partial x^2} = 2$$

根据 Ito 公式可知

$$\mathrm{d}Y_t = \mathrm{d}t + 2B_t \mathrm{d}B_t$$

【例7-6】 设随机过程 $X_t(t \geq 0)$ 满足如下微分形式：

$$\mathrm{d}X_t = \mu X_t \mathrm{d}t + \sigma X_t \mathrm{d}B_t$$

求 $\mathrm{d}(\ln X_t)$，其中 μ 和 σ 为常数。

解：令 $f(t,x) = \ln x$，由于

$$\frac{\partial f(t,x)}{\partial t} = 0, \frac{\partial f(t,x)}{\partial x} = \frac{1}{x}, \frac{\partial^2 f(t,x)}{\partial x^2} = -\frac{1}{x^2}$$

从而根据 Ito 公式，可得

$$\mathrm{d}(\ln X_t) = \left(\mu - \frac{\sigma^2}{2}\right)\mathrm{d}t + \sigma \mathrm{d}B_t$$

7.3 资产价格变化过程

7.3.1 金融远期价格变化

金融远期是指由交易双方约定在未来某日期以成交时所确定的价格，交割一定数量的某种金融商品的协议或者合约，如远期利率协议、远期股票合约等。我们考虑某个无红利支付股票的远期合约，假定无风险利率为常数 r。

若远期合约标的资产价格 S_t 满足：

$$dS_t = \mu S_t dt + \sigma S_t dB_t \qquad (7-9)$$

或者等价地写成：

$$S_t = S_0 + \int_0^t \mu S_s ds + \int_0^t \sigma S_s dB_s \qquad (7-10)$$

式中，μ 和 σ 为常数。

则此远期价格（远期合约中标的资产的理论价格）为

$$F(t, S_t) = S_t e^{r(T-t)} \qquad (7-11)$$

式中，t 为当前时刻；T 为远期合约到期日。

令 $f(t, x) = x e^{r(T-t)}$，由于

$$\frac{\partial f(t,x)}{\partial t} = -rx e^{r(T-t)}, \frac{\partial f(t,x)}{\partial x} = e^{r(T-t)}, \frac{\partial^2 f(t,x)}{\partial x^2} = 0$$

从而根据 Ito 公式，可得

$$dF(t, S_t) = [\mu S_t e^{r(T-t)} - rS_t e^{r(T-t)}]dt + \sigma S_t e^{r(T-t)} dB_t$$

将式(7-11)代入上式可得

$$dF(t, S_t) = (\mu - r) F(t, S_t) dt + \sigma F(t, S_t) dB_t$$

可见，远期价格变化过程与其标的资产价格一样遵循几何 Brown 运动，但其预期收益率为 $\mu - r$ 而不是 r。

7.3.2 资产价格对数变化

在金融资产定价模型中，通常假设证券价格 $S_t (t \geqslant 0)$ 变化为几何 Brown 运动，如式(7-9)或式(7-10)所示。式(7-9)说明证券价格在 $[t, t+dt]$ 上有

$$S_{t+dt} - S_t = \mu S_t dt + \sigma S_t dB_t$$

于是

$$\frac{S_{t+dt} - S_t}{S_t} = \mu dt + \sigma dB_t$$

式中，μ 为证券在单位时间内的期望收益率，又称为漂移率；σ 为证券收益

率在单位时间内的标准差,又称为证券价格波动率。

下面根据 Ito 公式推导证券价格自然对数 $\ln S_t$ 变化所遵循的随机过程。由例 7-9 可知

$$d(\ln S_t) = \left(\mu - \frac{\sigma^2}{2}\right)dt + \sigma dB_t$$

由于 μ 和 σ 为常数,于是证券价格自然对数遵循带漂移系数的 Brown 运动,其中漂移系数为 $\left(\mu - \frac{\sigma^2}{2}\right)$ 和方差率 σ^2。显然在 t 到 T 时间内,$\ln S_t$ 的变化服从正态分布,其均值为 $\left(\mu - \frac{\sigma^2}{2}\right)(T-t)$,方差为 $\sigma^2(T-t)$,即

$$\ln S_T - \ln S_t \sim N\left(\left(\mu - \frac{\sigma^2}{2}\right)(T-t), \sigma^2(T-t)\right) \quad (7-12)$$

假设 t 为当前时刻,T 为将来时刻,根据式(7-12)可知

$$\ln S_T \sim N\left(\ln S_t + \left(\mu - \frac{\sigma^2}{2}\right)(T-t), \sigma^2(T-t)\right) \quad (7-13)$$

上式表明 $\ln S_T$ 的标准差与 $\sqrt{T-t}$ 成比例,这意味着证券价格的对数的不确定性(用标准差表示)与未来时间的长度的平方根成正比。

【例 7-7】 某股票当前价格为 8 元/股,年预期收益率为 0.4,年波动率的平方为 0.12。半年内该股票不分红不增发股份,求半年后该股票价格置信度为 95% 的置信区间。

解: 根据题意可知

$$t=0, T=0.5, S_t=8, \mu=0.4, \sigma^2=0.12$$

于是由式(7-13)可知

$$\ln S_T \sim N\left(\ln 8 + \left(0.4 - \frac{0.12}{2}\right) \times 0.5, 0.12 \times 0.5\right) = N(2.2494, 0.2450^2)$$

$$-1.96 < \frac{\ln S_T - 2.2494}{0.2450} < 1.96$$

$$5.867 < S_T < 15.32$$

因此,半年后每股股票价格在 5.867 元与 15.32 元之间的概率为 95%。

7.4 测度变换与风险中性测度

测度变换就是通过构造一个与已有测度等价的概率测度,使得随机过程在新的概率测度下有更便于应用的性质。如在第 6 章关于期权二叉树定价分析中,我们知道风险中性测度 Q 与实际概率测度 P 是等价的,并且使得在自融资策略下任何资产的贴现过程在风险中性测度 Q 下均为鞅。但上述是在离散时间与离散状态空间下讨论的。Girsanov(哥萨诺夫)定理为在更复杂情形下把一个概率测度变换成等价测度提供了一般性框架。由于该定理涉及 Brown 运动,因此状态空间是连续的,测度变换可扩展到时间连续随机过程。变换后的概率测度与已有概率测度尽管不同,但是只要进行适当的转换,可由一种测度求得另一种测度。

在介绍 Girsanov 定理前,我们先给出如下的结论(可见文献[37]):在概率空间 $(\Omega, \mathcal{F}, P)$ 上,Z 为非负随机变量且 $E(Z)=1$,对 $A \in \mathcal{F}$,定义

$$Q(A) = \int_A Z(\omega) \mathrm{d}P(\omega) \qquad (7-14)$$

则 Q 为概率测度。下面不加证明地给出 Girsanov 定理,具体证明过程较为复杂,可参见文献[37]。

【定理 7-7】 (Girsanov 定理)设 $B_t(0 \leqslant t \leqslant T)$ 为概率空间 $(\Omega, \mathcal{F}, P)$ 上的标准 Brown 运动,$\mathcal{F}_t(0 \leqslant t \leqslant T)$ 为其相应的 σ-代数流,$\xi_t(0 \leqslant t \leqslant T)$ 是与此相适应的过程。对 $0 \leqslant t \leqslant T$ 定义:

$$Z_t = e^{\left\{-\int_0^t \xi_u \mathrm{d}B_u - \frac{1}{2}\int_0^t \xi_u^2 \mathrm{d}u\right\}}$$

$$\widetilde{B}_t = \int_0^t \xi_u \mathrm{d}u + B_t$$

假设

$$E\int_0^T \xi_u^2 Z_u^2 \mathrm{d}u < +\infty$$

令 $Z = Z_T$,则 $E(Z)=1$,式(7-14)给出的概率测度 Q 与 P 是等价的,且在概率测度 Q 下 $\widetilde{B}_t(0 \leqslant t \leqslant T)$ 为标准 Brown 运动。

【定理 7-8】 设资产价格 S_t 满足：$\mathrm{d}S_t = \mu S_t \mathrm{d}t + \sigma S_t \mathrm{d}B_t$，$\mu$ 和 σ 为常数。令

$$Z_t = \mathrm{e}^{\left\{-\frac{\mu-r}{\sigma}B_t - \frac{1}{2}\left(\frac{\mu-r}{\sigma}\right)^2 t\right\}}$$

$$\widetilde{B}_t = B_t + \frac{\mu-r}{\sigma}t$$

$$Q(A) = \int_A Z_T \mathrm{d}P$$

式中，r 为无风险收益率。

则：

(1) 概率测度 Q 与 P 是等价的，在 Q 下 $\widetilde{B}_t (0 \leqslant t \leqslant T)$ 为标准 Brown 运动，且有 $\mathrm{d}S_t = rS_t \mathrm{d}t + \sigma S_t \mathrm{d}\widetilde{B}_t$；

(2) 在概率测度 Q 下，资产贴现价格过程 $\mathrm{e}^{-rt}S_t$ 为鞅。

证明：
$$E\int_0^T \left(\frac{\mu-r}{\sigma}\right)^2 Z_u^2 \mathrm{d}u = E\int_0^T \left(\frac{\mu-r}{\sigma}\right)^2 \mathrm{e}^{2\left\{-\frac{\mu-r}{\sigma}B_u - \frac{1}{2}\left(\frac{\mu-r}{\sigma}\right)^2 u\right\}} \mathrm{d}u$$

$$= \int_0^T \left(\frac{\mu-r}{\sigma}\right)^2 E\mathrm{e}^{2\left\{-\frac{\mu-r}{\sigma}B_u - \frac{1}{2}\left(\frac{\mu-r}{\sigma}\right)^2 u\right\}} \mathrm{d}u$$

$$= \int_0^T \left(\frac{\mu-r}{\sigma}\right)^2 \mathrm{e}^{\left(\frac{\mu-r}{\sigma}\right)^2 u} \mathrm{d}u < +\infty$$

从而由 Girsanov 定理可知，概率测度 Q 与实际概率测度 P 等价，而且在概率测度 Q 下 $\widetilde{B}_t = B_t + \frac{\mu-r}{\sigma}t$ 为标准 Brown 运动。

进一步可得

$$\mathrm{d}S_t = \mu S_t \mathrm{d}t + \sigma S_t \mathrm{d}B_t$$

$$= \mu S_t \mathrm{d}t + \sigma S_t \left(\mathrm{d}\widetilde{B}_t - \frac{\mu-r}{\sigma}\mathrm{d}t\right)$$

$$= rS_t \mathrm{d}t + \sigma S_t \mathrm{d}\widetilde{B}_t$$

下面进一步说明在概率测度 Q 下资产贴现价格过程 $\mathrm{e}^{-rt}S_t$ 为鞅。令 $f(t,x) = \mathrm{e}^{-rt}x$，利用 Ito 公式可得

$$\mathrm{d}(\mathrm{e}^{-rt}S_t) = (-r\mathrm{e}^{-rt}S_t + \mu S_t \mathrm{e}^{-rt})\mathrm{d}t + \sigma S_t \mathrm{e}^{-rt}\mathrm{d}B_t$$

$$= (\mu-r)\mathrm{e}^{-rt}S_t \mathrm{d}t + \sigma S_t \mathrm{e}^{-rt}\left(\mathrm{d}\widetilde{B}_t - \frac{\mu-r}{\sigma}\mathrm{d}t\right)$$

$$= \sigma S_t \mathrm{e}^{-rt}\mathrm{d}\widetilde{B}_t$$

于是可得
$$e^{-rt}S_t = S_0 e^{-\frac{\sigma^2}{2}t + \sigma \tilde{B}_t}$$

注意到,在概率测度 Q 下 $\tilde{B}_t$ 为标准 Brown 运动。类似于例 6-8,易知在概率测度 Q 下,$e^{-rt}S_t$ 为鞅。

定理 7-8 说明在概率测度 Q 下,资产收益率 μ 变为无风险收益率 r,但资产价格波动率并没有因概率测度变换而改变。因此,也称概率测度 Q 为风险中性概率测度。上述分析意味着,资产价格的动态变化过程与概率测度有关。此外,定理 7-8 的第二个结论显然是定理 6-3 相应的连续情况。

7.5 期权风险中性定价法

7.5.1 Black-Scholes 定价公式

假设欧式看涨期权的到期日为 T,执行价格为 K,其标的资产价格 S_t 如式(7-9)所示,下面我们可以利用 Ito 公式推导得出的式(7-13)得到欧式看涨期权的定价公式。

在风险中性的条件下,欧式看涨期权到期时的期望收益为:
$$\hat{E}[\max(S_T - K, 0)]$$
式中,$\hat{E}$ 表示在风险中性条件下的期望值。根据风险中性定价原理,欧式看涨期权的价格 c 等于此期望值按无风险利率 r 进行贴现的现值,具体如下:
$$c = e^{-r(T-t)} \hat{E}[\max(S_T - K, 0)] \qquad (7-15)$$

在风险中性条件下,根据式(7-13),可得 $\ln S_T$ 的概率分布为:
$$\ln S_T \sim N\left(\ln S_t + \left(r - \frac{\sigma^2}{2}\right)(T-t), \sigma^2(T-t)\right)$$

进而对式(7-15)右边求值,其是一种积分过程,具体过程类似于第 6 章 6.4 节连续时间下期权鞅定价法。最终可得欧式看涨期权的价格为:

$$c = S_t \Phi(d_1) - K e^{-r(T-t)} \Phi(d_2) \qquad (7-16)$$

其中

$$d_1 = \frac{\ln \frac{S_t}{K} + \left(r + \frac{1}{2}\sigma^2\right)(T-t)}{\sigma \sqrt{T-t}} \qquad (7-17)$$

$$d_2 = \frac{\ln \frac{S_t}{K} + \left(r - \frac{1}{2}\sigma^2\right)(T-t)}{\sigma \sqrt{T-t}} = d_1 - \sigma \sqrt{T-t} \qquad (7-18)$$

式(7-16)是无收益资产欧式看涨期权的定价公式,而标的资产无收益情况下,美式看涨期权价格与欧式看涨期权价格相同,即式(7-16)也是无收益资产美式看涨期权的价格。由于欧式看涨期权与欧式看跌期权具有平价关系,因此可得到与该欧式看涨期权具有相同标的资产、执行价格与到期日的欧式看跌期权的价格

$$p = K e^{-r(T-t)} \Phi(-d_2) - S_t \Phi(-d_1) \qquad (7-19)$$

由于美式看跌期权与美式看涨期权之间不存在严密的平价关系,因此美式看跌期权的定价暂无法得到精确的解析公式。

【例 7-8】 设当前某股票价格为每股 20 元,以其为标的资产的欧式看涨期权的执行价格为每份 10 元,到期日为半年,无风险年利率为 8%,股票价格波动率为 0.4。若在期权执行期内,股票不分红,不送股,市场无套利机会,试求该股票的欧式看涨期权的价格。

解:根据题目条件可知

$$t = 0, T = 0.5, S_t = 20, r = 0.08, \sigma^2 = 0.16, K = 10$$

根据式(7-17)和(7-18)可得

$$d_1 = \frac{\ln \frac{20}{10} + \left(0.08 + \frac{1}{2} \times 0.16\right) \times 0.5}{\sqrt{0.16} \times \sqrt{0.5}} \approx 2.7335$$

$$d_2 = \frac{\ln \frac{20}{10} + \left(0.08 - \frac{1}{2} \times 0.16\right) \times 0.5}{\sqrt{0.16} \times \sqrt{0.5}} \approx 2.4506$$

于是根据式(7-16)得到期权价格

$$c = 20 \times \Phi(2.7335) - 10 \times e^{-0.08 \times 0.5} \Phi(2.4506) \approx 10.40(元)$$

7.5.2 Black-Scholes 公式的性质

下面通过考虑某些参数取极端值的情况说明 Black-Scholes 公式具有的性质。当标的资产价格 S_t 非常大时,根据 d_1 与 d_2 的表达式可知 $\Phi(d_1)$ 与 $\Phi(d_2)$ 的值均近似为 1。此时式(7-16)为:

$$c = S_t - K e^{-r(T-t)}$$

此时,欧式看涨期权与执行价格为 K 的远期合约非常相似。当标的资产价格 S_t 非常大时,$\Phi(-d_1)$ 与 $\Phi(-d_2)$ 的值均近似为 0。此时,根据式(7-19)可知欧式看跌期权的价格趋近于 0。

下面考虑标的资产波动率趋近于 0 的情况。此时,由于标的资产实际上是没有风险的,它的价格将以无风险收益率从现在时刻 t 增长到 T 时刻 $S_t e^{r(T-t)}$,则欧式看涨期权的盈利情况为:

$$\max\{S_t e^{r(T-t)} - K, 0\}$$

于是欧式看涨期权的价格为:

$$e^{-r(T-t)} \max\{S_t e^{r(T-t)} - K, 0\} = \max\{S_t - e^{-r(T-t)} K, 0\}$$

下面说明上式与式(7-16)是一致的。

当 $S_t > e^{-r(T-t)} K$ 时,$\ln\dfrac{S_t}{K} + r(T-t) > 0$。由于 $\sigma \to 0$,根据 d_1 与 d_2 的表达式可知 $\Phi(d_1)$ 与 $\Phi(d_2)$ 的值均近似为 1。此时式(7-16)为 $c = S_t - K e^{-r(T-t)}$。

当 $S_t < e^{-r(T-t)} K$ 时,$\ln\dfrac{S_t}{K} + r(T-t) < 0$。由于 $\sigma \to 0$,根据 d_1 与 d_2 的表达式可知 $\Phi(d_1)$ 与 $\Phi(d_2)$ 的值均近似为 0。此时式(7-16)为 $c = 0$。

习题 7

1. 利用 Ito 公式证明:

(1) $\displaystyle\int_0^t (B_s^2 - s) \, dB_s = \dfrac{1}{3} B_t^3 - t B_t$;

(2) $\int_0^t e^{(B_s - \frac{s}{2})} dB_s = e^{(B_t - \frac{t}{2})} - 1$;

(3) $\int_0^t \cos B_s dB_s = \sin B_t + \frac{1}{2} \int_0^t \sin B_s ds$。

2. 利用 Ito 公式求下列过程的随机微分：

(1) $X_t = a + t + e^{B_t}$；

(2) $X_t = e^{\frac{t}{2}} \cos B_t$；

(3) $X_t = e^{\mu t + \sigma B_t}$。

3. 若随机过程 $S_t(t \geq 0)$ 满足如下形式：
$$dS_t = \mu_t S_t dt + \sigma_t S_t dB_t$$

证明： $\dfrac{dS_t^n}{S_t^n} = n\left[\mu_t + \dfrac{1}{2}(n-1)\sigma_t^2\right]dt + n\sigma_t dB_t$

4. 若随机过程 $X_t(t \geq 0)$ 满足如下形式：
$$dX_t = k(\theta - \ln X_t) X_t dt + \sigma X_t dB_t$$

求 $\ln X_t$ 的随机微分。

5. 设某证券当前价格为 105 元，其欧式看跌期权的执行价格为 100 元，到期日为半年，无风险年利率为 10%，证券价格波动率为 0.3。试求该欧式看跌期权的价格。

6. 设某证券当前价格为 40 元，其价格过程服从参数 $\mu = 0.12$ 与 $\sigma = 0.24$ 的几何 Brown 运动。该证券的欧式看涨期权的执行价格为 42 元，到期日为 4 个月。试求该欧式看涨期权被执行的概率。若无风险年利率为 8%，则该期权的价格为多少？

第 8 章
随机微分方程及其在金融中的应用

随机微分方程是确定性函数微分方程的扩展,在金融领域中具有重要的应用价值。本章在第 7 章的基础上,介绍随机微分方程的基本概念与求解方法,并通过随机利率模型、Black-Scholes 期权定价的微分方程方法和公司债务定价模型,阐述随机微分方程在金融领域中的应用。

8.1 随机微分方程

随机微分方程有多种,本章介绍的是 Ito 随机微分方程,其也是在金融领域主要使用的随机微分方程。后面所涉及的随机微分方程均是指 Ito 随机微分方程,不再进行强调。

随机微分方程的一般形式如下:

$$\mathrm{d}X_t = a(t, X_t)\mathrm{d}t + b(t, X_t)\mathrm{d}B_t \tag{8-1}$$

式(8-1)也可以表示成等价的随机积分方程的形式:

$$X_t = X_0 + \int_0^t a(s, X_s)\mathrm{d}s + \int_0^t b(s, X_s)\mathrm{d}B_s$$

式(8-1)的右端包含两项,第一项 $a(t, X_t)\mathrm{d}t$ 中 $a(t, X_t)$ 体现了 X_t 的平均变化率,称作漂移项;第二项 $b(t, X_t)\mathrm{d}B_t$ 体现了标准 Brown 运动 B_t 变化对 X_t 的变化的影响,$b(t, X_t)$ 称作扩散项。

与常微分方程一样,随机微分方程也有如下两个主要问题需要解决:方程解的存在性与唯一性,以及解的性质;怎样得到方程的解析解。

【定义 8-1】 （随机微分方程的解）随机微分方程 $dX_t = a(t, X_t)dt + b(t, X_t)dB_t$，初始条件为 $X_0 = x_0$，我们称其有解 $X = \{X_t, t \geq 0\}$，是指对于每个 $t > 0$：

(1) X_t 为 $\mathcal{F}$ 可测；

(2) 以概率 1 有 $\int_0^t |a(s, X_s)| ds < +\infty, \int_0^t |b^2(s, X_s)| ds < +\infty$；

(3) 以概率 1 有 $X_t = x_0 + \int_0^t a(s, X_s) ds + \int_0^t b(s, X_s) dB_s$。

在随机微分方程的理论与应用中，从分析的角度看，解的存在性与唯一性问题非常重要。下面给出随机微分方程解的存在性与唯一性定理。

【定理 8-1】 （随机微分方程解的存在唯一性定理）随机微分方程 $dX_t = a(t, X_t)dt + b(t, X_t)dB_t$，初始条件为 $X_0 = x_0$，若下列条件满足：

(1) 函数 $a(t, x)$ 与 $b(t, x)$ 二元测度；

(2) 存在常数 $K > 0$，使得对于 $t \geq 0, x \in \mathbf{R}, y \in \mathbf{R}$，有

$$|a(t, x) - a(t, y)| + |b(t, x) - b(t, y)| \leq K|x - y| \quad (8-2)$$
$$|a(t, x)|^2 + |b(t, x)|^2 \leq K^2(1 + |x|^2) \quad (8-3)$$

(3) 初始条件 $X_0 = x_0$ 不依赖于 Brown 运动 B_t，且 $E(x_0^2) < +\infty$；

则上述随机微分方程存在满足初始条件的解 X_t，以概率 1 唯一，有连续样本轨道，且 $\sup_t E(X_t^2) < +\infty$。

定理 8-1 的证明涉及 Picard-Lindelof 迭代和 Borel-Cantelli 引理，在此不具体阐述，可参见 Gihman 和 Skorohod 的文献。

注 1：解的唯一性是指，如果 X_t 与 Y_t 是两个解，则

$$P(\sup_t |X_t - Y_t| = 0) = 1$$

注 2：式(8-2)称为 Lipschitz 条件，式(8-3)称为增长条件。实际上式(8-3)可以替换为下面条件：存在常数 $c > 0$，使得对于 $t \geq 0, x \in \mathbf{R}, y \in \mathbf{R}$，有

$$|a(t, x)| + |b(t, x)| \leq c(1 + |x|) \quad (8-4)$$

事实上,若式(8-4)成立,则有
$$|a(t,x)| \leqslant c(1+|x|), |b(t,x)| \leqslant c(1+|x|)$$
注意到不等式$(\alpha+\beta)^2 \leqslant 2(\alpha^2+\beta^2)$,于是有
$$|a(t,x)|^2+|b(t,x)|^2 \leqslant 2c^2(1+|x|)^2 \leqslant 4c^2(1+|x|^2)$$
故式(8-3)成立。

随机微分方程一般难以求解,但是一维线性随机微分方程是可以求解的,其也是一类重要的随机微分方程。一维线性随机微分方程形式如下:
$$dX_t = (\alpha_t X_t + \beta_t)dt + (\eta_t X_t + \lambda_t)dB_t$$
式中,$\alpha_t, \beta_t, \eta_t$ 与 λ_t 为时间变量的非随机函数。

【例 8-1】 求解随机微分方程:
$$\begin{cases} dX_t = \mu X_t dt + \sigma X_t dB_t, \\ X_0 = x_0 \end{cases}$$
其中,μ, σ 和 x_0 均为常数。

解: 根据 Ito 公式可得
$$d(\ln X_t) = \left(\mu - \frac{\sigma^2}{2}\right)dt + \sigma dB_t$$
两边积分有
$$\int_0^t d(\ln X_s) = \int_0^t \left(\mu - \frac{\sigma^2}{2}\right)ds + \int_0^t \sigma dB_s$$
$$\ln X_t - \ln x_0 = \left(\mu - \frac{\sigma^2}{2}\right)t + \sigma B_t$$
$$Z_t = x_0 e^{\left(\mu - \frac{\sigma^2}{2}\right)t + \sigma B_t}$$

令 $a(t,x) = \mu x, b(t,x) = \sigma x$,则上述随机微分方程满足定理 8-1 的条件,于是上述得到的解是随机微分方程唯一的解,为几何 Brown 运动。此例说明了在金融领域中通常采用上述随机微分方程描述资产价格为几何 Brown 运动的原因所在。

【例 8-2】 (Ornstein-Uhlenbeck 过程)求解随机微分方程:

$$\begin{cases} dX_t = \mu X_t dt + \sigma dB_t, \\ X_0 = x_0 \end{cases}$$

其中，μ, σ 和 x_0 均为常数。

解：令 $f(t,x) = e^{-\mu t} x$，则

$$\frac{\partial f(t,x)}{\partial t} = -\mu e^{-\mu t} x, \frac{\partial f(t,x)}{\partial x} = e^{-\mu t}, \frac{\partial^2 f(t,x)}{\partial x^2} = 0$$

根据 Ito 公式有

$$e^{-\mu t} X_t = x_0 + \int_0^t (-\mu e^{-\mu s} X_s + \mu e^{-\mu s} X_s + 0) ds + \int_0^t \sigma e^{-\mu s} dB_s$$

于是随机微分方程的解为

$$X_t = x_0 e^{\mu t} + \sigma e^{\mu t} \int_0^t e^{-\mu s} dB_s$$

更一般地，我们可以得到如下线性随机微分方程的解的表达式。

【定理 8-2】 已知随机微分方程：

$$dX_t = (a_t X_t + b_t) dt + c_t dB_t$$

其初始条件为 $X_0 = x_0$，相应的解：

$$X_t = x_0 e^{\int_0^t a_s ds} + \int_0^t e^{\int_s^t a_u du} b_s ds + \int_0^t e^{\int_s^t a_u du} c_s dB_s$$

证明：令 $f(t,x) = x e^{-\int_0^t a_s ds} = x \lambda_t$，则

$$\frac{\partial f(t,x)}{\partial t} = -x a_t \lambda_t, \frac{\partial f(t,x)}{\partial x} = \lambda_t, \frac{\partial^2 f(t,x)}{\partial x^2} = 0$$

根据 Ito 公式有

$$X_t \lambda_t = x_0 \lambda_0 + \int_0^t \lambda_s b_s ds + \int_0^t \lambda_s c_s dB_s$$

$$X_t = x_0 \frac{\lambda_0}{\lambda_t} + \int_0^t \frac{\lambda_s}{\lambda_t} b_s ds + \int_0^t \frac{\lambda_s}{\lambda_t} c_s dB_s$$

$$= x_0 e^{\int_0^t a_s ds} + \int_0^t e^{\int_s^t a_u du} b_s ds + \int_0^t e^{\int_s^t a_u du} c_s dB_s$$

8.2 随机利率模型

在金融市场中，利率是影响资产价格变动的重要指标。在 Black-

Scholes 期权定价模型中假设无风险利率是固定不变的,此与现实不符。对此,我们可以假设利率遵循下面的随机微分方程:

$$dr_t = \alpha(t, r_t)dt + \beta(t, r_t)dB_t$$

针对上述一般的随机利率模型,学者们提出了一些具体的模型,下面介绍两个典型的随机利率模型。

8.2.1 Vasicek 模型

在现实世界中,利率总是表现出均值回复的特点:若当前利率很高,则将来利率回落的可能性很大;反之,若当前利率很低,则将来利率上升的可能性很大。Vasicek 基于 Ornstein-Uhlenbeck 过程,构建了具有均值回复特征的随机利率模型。

若利率 r_t 满足下面的随机微分方程:

$$dr_t = k(\theta - r_t)dt + \beta dB_t \tag{8-5}$$

式中,k, θ, β 为正常数,则称利率服从 Vasicek 模型,式(8-5)称为 Vasicek 模型。

从上述模型可以看出,当 $\theta < r_t$ 时,式(8-5)有负的漂移项,从平均意义上看,此时的利率水平 r_t 将下降。反之,当 $\theta > r_t$ 时,式(8-5)有正的漂移项,从平均意义上看,此时的利率水平 r_t 将上升。因此利率的变化呈现一种趋向于平均水平的趋势。

在初始条件 $r_0 = r$ 下可以得到随机微分方程(8-5)的解:

$$r_t = re^{-kt} + \theta(1 - e^{-kt}) + \int_0^t \beta e^{-k(t-s)} dB_s \tag{8-6}$$

事实上,令 $f(t, x) = e^{kt} x$,则

$$\frac{\partial f(t,x)}{\partial t} = ke^{kt}x, \frac{\partial f(t,x)}{\partial x} = e^{kt}, \frac{\partial^2 f(t,x)}{\partial x^2} = 0$$

根据 Ito 公式有

$$e^{kt}r_t = r + \int_0^t [ke^{ks}r_s + ke^{ks}(\theta - r_s)]ds + \int_0^t \beta e^{ks} dB_s$$

$$= r + \int_0^t ke^{ks}\theta ds + \int_0^t \beta e^{ks} dB_s$$

$$= r + \theta(e^{kt} - 1) + \int_0^t \beta e^{ks} dB_s$$

于是随机微分方程的解为式(8-6)。

由式(8-6)可知,利率过程为正态过程,将来的利率服从正态分布。而且根据定理7-2,通过计算可得其均值和方差分别为:

$$E(r_t) = re^{-kt} + \theta(1 - e^{-kt})$$

$$\mathrm{Var}(r_t) = \frac{\beta^2}{2k}(1 - e^{-2kt})$$

可见,如果其他参数不变,当 $t \to +\infty$ 时,均值趋向于利率长期水平 θ,方差趋向于 $\frac{\beta^2}{2k}$。由于利率过程为正态过程,因此其值可能取负值,这与经济理论与经验证据不一致。

8.2.2 CIR模型

在学术界和实际应用中,最著名的随机利率模型为 Cox 等构建的CIR(Cox-Ingersoll-Ross)模型。相比 Vasicek 模型,CIR 模型也具有均值回复的性质,并且利率大于零的概率等于1。

若利率 r_t 满足下面的随机微分方程:

$$dr_t = k(\theta - r_t)dt + \beta\sqrt{r_t} dB_t \qquad (8-7)$$

式中,k, θ, β 为正常数,则称利率服从 CIR 模型,式(8-7)称为 CIR 模型。

由式(8-7)可知,CIR 模型与 Vasicek 模型不同的是其波动率不是常数,而是利率的增函数。所以,若利率较低,则波动率也较低,此与现实中观察到的利率行为是一致的。当然,现实中利率的波动率不一定如式(8-7)所示。

在初始条件 $r_0 = r$ 下,令 $f(t, x) = e^{kt}x$,则

第8章 随机微分方程及其在金融中的应用

$$\frac{\partial f(t,x)}{\partial t}=ke^{kt}x,\frac{\partial f(t,x)}{\partial x}=e^{kt},\frac{\partial^2 f(t,x)}{\partial x^2}=0$$

根据 Ito 公式有

$$e^{kt}r_t = r + \int_0^t [ke^{ks}r_s + ke^{ks}(\theta - r_s)]ds + \int_0^t \beta\sqrt{r_s}e^{ks}dB_s$$

$$= r + \int_0^t k\theta e^{ks}ds + \int_0^t \beta\sqrt{r_s}e^{ks}dB_s$$

$$= r + \theta(e^{kt}-1) + \int_0^t \beta\sqrt{r_s}e^{ks}dB_s$$

于是随机微分方程(8-7)的解为

$$r_t = re^{-kt} + \theta(1-e^{-kt}) + \int_0^t \beta e^{-k(t-s)}\sqrt{r_s}dB_s$$

由于上式右边包含 r_s，因此不能像 Vasicek 模型一样得到解析解。由定理 7-2 可知，通过计算可得 CIR 模型的利率均值和方差分别为：

$$E(r_t) = re^{-kt} + \theta(1-e^{-kt})$$

$$\mathrm{Var}(r_t) = \frac{\beta^2 r}{k}(e^{-kt}-e^{-2kt}) + \frac{\beta^2\theta}{2k}(e^{-kt}-1)^2$$

与 Vasicek 模型相比，CIR 模型与其具有相同的均值，但方差存在差异。可见，如果其他参数不变，当 $t\to +\infty$ 时，CIR 模型的利率均值趋向于利率长期水平 θ，方差趋向于 $\frac{\beta^2\theta}{2k}$。

8.3 期权微分方程定价法

20 世纪 70 年代初，Fischer Black 和 Myron Scholes 推导出基于无红利支付股票的衍生证券价格必须满足的微分方程，并运用该方程推导出股票的欧式看涨期权和看跌期权的价格。下面我们对 Black-Scholes 模型进行阐述。

8.3.1 Black-Scholes 微分方程的推导

设股票价格 S_t 满足下面形式：

$$dS_t = \mu S_t dt + \sigma S_t dB_t \tag{8-8}$$

式中，μ 和 σ 为常数。我们知道，衍生资产的价格是标的资产的价格和时间的函数。根据 Ito 公式，可得到以该股票为标的资产的衍生资产的价格 $F(t, S_t)$ 遵循如下过程：

$$dF(t, S_t) = \left[\frac{\partial F(t,S_t)}{\partial t} + \mu S_t \frac{\partial F(t,S_t)}{\partial x} + \frac{1}{2}\sigma^2 S_t^2 \frac{\partial^2 F(t,S_t)}{\partial x^2}\right]dt +$$

$$\sigma S_t \frac{\partial F(t,S_t)}{\partial x} dB_t \tag{8-9}$$

求解随机微分方程(8-9)的最大障碍在于：Brown 运动的无穷小增量 dB_t 是一个随机变量。对此，Black 和 Scholes 提出了一个有效的解决方法。由于式(8-8)和式(8-9)中包含同一个 Brown 运动的增量 dB_t，因此可以通过选择适当数量的标的资产和相应的衍生证券，构建一个消除了这一不可预测增量的资产组合。利用无套利原则，该组合的收益率必然为无风险利率。下面具体介绍 Black 和 Scholes 的方法，其具有如下假设：

（1）股票价格遵循参数为常数的几何 Brown 运动；

（2）允许卖空标的资产；

（3）没有交易费用和税收，所有证券都是完全可分的；

（4）在衍生证券有效期内标的证券没有现金收益支付；

（5）不存在无风险套利机会；

（6）证券交易是连续的，价格变动也是连续的；

（7）在衍生证券有效期内，无风险利率 r 为常数。

式(8-8)和式(8-9)的离散形式为：

$$\Delta S_t = \mu S_t \Delta t + \sigma S_t \Delta B_t \tag{8-10}$$

$$\Delta F(t, S_t)$$
$$= \left[\frac{\partial F(t,S_t)}{\partial t} + \mu S_t \frac{\partial F(t,S_t)}{\partial x} + \frac{1}{2}\sigma^2 S_t^2 \frac{\partial^2 F(t,S_t)}{\partial x^2}\right]\Delta t + \sigma S_t \frac{\partial F(t,S_t)}{\partial x}\Delta B_t$$

$$\tag{8-11}$$

式(8-10)和式(8-11)中 ΔB_t 相同,可以构建资产组合消除 ΔB_t。此资产组合的持有者卖空一份衍生证券,买入数量为 $\dfrac{\partial F(t,S_t)}{\partial x}$ 的股票,于是该组合的价值

$$\Pi_t = -F(t,S_t) + \frac{\partial F(t,S_t)}{\partial x} S_t \tag{8-12}$$

在 Δt 时间后,该组合资产的价值变化为

$$\Delta \Pi_t = -\Delta F(t,S_t) + \frac{\partial F(t,S_t)}{\partial x} \Delta S_t \tag{8-13}$$

将式(8-10)和式(8-11)代入式(8-13)可得

$$\begin{aligned}\Delta \Pi_t &= -\Delta F(t,S_t) + \frac{\partial F(t,S_t)}{\partial x} \Delta S_t \\ &= \left[-\frac{\partial F(t,S_t)}{\partial t} - \frac{1}{2}\sigma^2 S_t^2 \frac{\partial^2 F(t,S_t)}{\partial x^2} \right] \Delta t\end{aligned} \tag{8-14}$$

由于式(8-14)中不含有 ΔB_t,因此该组合已经消除随机因素带来的不确定性,组合的价值变动仅与时间 t 的变动有关。于是该组合在 Δt 中的瞬时收益率一定等于无风险收益率,否则套利者可以通过套利获得无风险收益。因此,在没有套利机会的条件下:

$$\Delta \Pi_t = r \Pi_t \Delta t \tag{8-15}$$

把式(8-12)和式(8-14)代入式(8-15)可得

$$\left[-\frac{\partial F(t,S_t)}{\partial t} - \frac{1}{2}\sigma^2 S_t^2 \frac{\partial^2 F(t,S_t)}{\partial x^2} \right] \Delta t = \left[-F(t,S_t) + \frac{\partial F(t,S_t)}{\partial x} S_t \right] r \Delta t$$

化简得

$$\frac{\partial F(t,S_t)}{\partial t} + r S_t \frac{\partial F(t,S_t)}{\partial x} + \frac{1}{2}\sigma^2 S_t^2 \frac{\partial^2 F(t,S_t)}{\partial x^2} = r F(t,S_t) \tag{8-16}$$

式(8-16)便是 Black-Scholes 微分方程。需要注意的是:资产组合并不是永远无风险的,只是在无限短的时间间隔内才是无风险的。当标的资产价格和时间变化时,$\dfrac{\partial F(t,S_t)}{\partial x}$ 也会变化。为保持资产组合无风险,有必要连续调整组合中衍生证券与标的资产的相对比例。

【例 8-3】 基于不付红利的股票的远期合约是一个依赖于股票价格的衍生证券,所以其应该满足方程(8-16)。

事实上,远期合约的价值为
$$F(t,S_t)=S_t-Ke^{-r(T-t)}$$
式中,K 为交割价格;T 是到期日。显然有
$$\frac{\partial F(t,S_t)}{\partial t}=-rKe^{-r(T-t)},\frac{\partial F(t,S_t)}{\partial x}=1,\frac{\partial^2 F(t,S_t)}{\partial x^2}=0$$
将上面的式子代入方程(8-16)的左边,可得
$$-rKe^{-r(T-t)}+rS_t$$
上式显然等于 $rF(t,S_t)$。

8.3.2 微分方程求解

随机微分方程(8-9)的求解问题转换为方程(8-16)的求解,而此方程的解便是衍生证券的定价公式。方程(8-16)有许多解,而不是只有一个解。在设定一定的边界条件下,方程(8-16)才有唯一解。而边界条件实际上代表的是衍生证券到期日的收益,不同衍生证券的差异就是到期收益即边界条件不同,但所满足的微分方程是一样的,只要这些衍生证券基于相同的标的资产。

对于欧式看涨期权,关键的边界条件为:
$$F(T,S_T)=\max\{S_T-K,0\},当 t=T 时$$

对于欧式看跌期权,边界条件为:
$$F(T,S_T)=\max\{K-S_T,0\},当 t=T 时$$
式中,T 与 K 分别为欧式看涨(看跌)期权的到期日和执行价格。

Black 和 Scholes 最早使用上述方法求解出欧式看涨期权的定价公式,其为下面方程的解:
$$\begin{cases}\frac{\partial F(t,S_t)}{\partial t}+rS_t\frac{\partial F(t,S_t)}{\partial x}+\frac{1}{2}\sigma^2 S_t^2\frac{\partial^2 F(t,S_t)}{\partial x^2}=rF(t,S_t),\\ F(T,S_T)=\max\{S_T-K,0\}\end{cases} \quad (8-17)$$

基于物理学中热传导方程的一些性质，通过多次变量代换，可以对上述方程进行求解，具体如下。

首先对方程(8-17)进行变换，令

$$S_t = Ke^{Y_t}, t = T - \frac{2}{\sigma^2}\tau, F(t, S_t) = KV(\tau, Y_t)$$

由于

$$\frac{\partial F(t,x)}{\partial t} = -\frac{K\sigma^2}{2}\frac{\partial V(\tau,y)}{\partial \tau}$$

$$\frac{\partial F(t,x)}{\partial x} = e^{-y}\frac{\partial V(\tau,y)}{\partial y}$$

$$\frac{\partial^2 F(t,x)}{\partial x^2} = -\frac{e^{-2y}}{K}\frac{\partial V(\tau,y)}{\partial y} + \frac{e^{-2y}}{K}\frac{\partial^2 V(\tau,y)}{\partial y^2}$$

于是方程(8-17)变为：

$$\begin{cases} \frac{\partial V(\tau, Y_t)}{\partial \tau} = (k-1)\frac{\partial V(\tau, Y_t)}{\partial y} + \frac{\partial^2 V(\tau, Y_t)}{\partial y^2} - kV(\tau, Y_t), \\ V(0, Y_T) = \max\{e^{Y_T} - 1, 0\} \end{cases} \quad (8-18)$$

式中，$k = \frac{2r}{\sigma^2}$。

进一步做变换，令

$$V(\tau, Y_t) = e^{\alpha Y_t + \beta \tau} U(\tau, Y_t)$$

式中，α 与 β 为待定常数。

于是方程(8-18)中第一个等式变为：

$$\beta U(\tau, Y_t) + \frac{\partial U(\tau, Y_t)}{\partial \tau}$$

$$= [\alpha^2 + (k-1)\alpha - k]U(\tau, Y_t) + (2\alpha + k - 1)\frac{\partial U(\tau, Y_t)}{\partial y} + \frac{\partial^2 U(\tau, Y_t)}{\partial y^2}$$

令

$$\begin{cases} \beta = \alpha^2 + (k-1)\alpha - k, \\ 2\alpha + k - 1 = 0 \end{cases}$$

于是

$$\begin{cases} \beta = -\dfrac{(k+1)^2}{4}, \\ \alpha = \dfrac{1-k}{2} \end{cases}$$

此时

$$V(\tau,Y_t) = e^{\frac{1-k}{2}Y_t - \frac{(k+1)^2}{4}\tau} U(\tau,Y_t)$$

方程(8-18)变换为：

$$\begin{cases} \dfrac{\partial U(\tau,Y_t)}{\partial \tau} = \dfrac{\partial^2 U(\tau,Y_t)}{\partial y^2}, \\ U(0,Y_T) = \max\{e^{\frac{k+1}{2}Y_T} - e^{\frac{k-1}{2}Y_T}, 0\} \end{cases} \quad (8-19)$$

注意到，上述方程与物理学中热传导方程非常类似，根据热传导方程的解的性质，可得方程(8-19)的解为：

$$U(\tau,y) = \dfrac{1}{2\sqrt{\pi\tau}} \int_{-\infty}^{+\infty} \max\{e^{\frac{k+1}{2}s} - e^{\frac{k-1}{2}s}, 0\} e^{-\frac{(y-s)^2}{4\tau}} ds$$

为方便计算积分，做如下变量替换：

$$z = (s-y)/\sqrt{2\tau}$$

于是上述积分变为：

$$\begin{aligned} U(\tau,y) &= \dfrac{1}{\sqrt{2\pi}} \int_{-y/\sqrt{2\tau}}^{+\infty} e^{\frac{k+1}{2}(\sqrt{2\tau}z + y)} e^{-\frac{z^2}{2}} dz - \dfrac{1}{\sqrt{2\pi}} \int_{-y/\sqrt{2\tau}}^{+\infty} e^{\frac{k-1}{2}(\sqrt{2\tau}z + y)} e^{-\frac{z^2}{2}} dz \\ &= e^{\frac{1}{2}(k+1)y + \frac{1}{4}(k+1)^2\tau} \Phi(d_1) - e^{\frac{1}{2}(k-1)y + \frac{1}{4}(k-1)^2\tau} \Phi(d_2) \end{aligned}$$

其中

$$d_1 = \dfrac{y}{\sqrt{2\tau}} + \dfrac{1}{2}(k+1)\sqrt{2\tau}$$

$$d_2 = \dfrac{y}{\sqrt{2\tau}} + \dfrac{1}{2}(k-1)\sqrt{2\tau}$$

将变量代回：

$$V(\tau,Y_t) = e^{\frac{1-k}{2}Y_t - \frac{(k+1)^2}{4}\tau} U(\tau,Y_t)$$

$$S_t = K e^{Y_t}, t = T - \dfrac{2}{\sigma^2}\tau, F(t,S_t) = K V(\tau,Y_t), k = \dfrac{2r}{\sigma^2}$$

可得方程(8-17)的解,即欧式看涨期权的定价公式,具体如下:
$$F(t,S_t)=S_t\Phi(d_1)-Ke^{-r(T-t)}\Phi(d_2)$$
其中
$$d_1=\frac{\ln\frac{S_t}{K}+\left(r+\frac{1}{2}\sigma^2\right)(T-t)}{\sigma\sqrt{T-t}}$$

$$d_2=\frac{\ln\frac{S_t}{K}+\left(r-\frac{1}{2}\sigma^2\right)(T-t)}{\sigma\sqrt{T-t}}=d_1-\sigma\sqrt{T-t}$$

根据前面章节内容可知,Black-Scholes 期权定价公式有多种推导方法,而基于随机微分方程方法推导是其中较为复杂的一种方法。而且方程的求解过程过于烦琐且困难,在很多情况下甚至无法得到解析解。因此,在金融工程的应用研究中,采用随机微分方程方法具有一定的局限性。

8.3.3 Black-Scholes 模型的扩展

Black 和 Scholes 发表的文章《期权定价和公司债务》给出了期权定价公式,即著名的 Black-Scholes 公式。它与以往期权定价公式的主要差异在于只依赖于可观察到的或可估计出的变量,避免了对未来股票价格概率分布和投资者风险偏好的依赖。其中,期权价格仅依赖于股票价格波动率、无风险利率、期权到期日、执行价格与股票现价。除了股票价格波动率需要经过估计确定外,其余变量都可以直接观察到。

注意到,Black-Scholes 模型存在严苛的假设条件,导致其存在一些不足。而学者们针对此模型进行了扩展研究,主要体现在以下几个方面。

(1) 标的资产的价格变动过程。Black-Scholes 模型中假设标的资产价格遵循几何 Brown 运动,虽然使得资产价格非负,但标的资产收益率服从正态分布。而此与现实金融市场中资产价格尖峰后尾的特征不相符,易造成低估极端风险。此外,Black-Scholes 模型假设资产价格的变动是连续无跳跃的,这与现实不符。因为突发事件(经济危机、战争等)易造成资产价格出现跳跃行为。为了构建更加符合现实的资产价格变动过程,Merton 基于复合 Poisson 过程刻画了资产价格跳跃特征。

(2) 无风险利率固定不变。Black-Scholes 模型中假设无风险利率是固定不变的,此显然与实际不符。随着利率类衍生品的发展,学者们基于利率期限结构相关理论,构建更符合现实的利率模型为利率类衍生品进行定价,如 Vasicek 和 Cox 等构建的随机利率模型。

(3) 标的资产波动率固定不变。Black-Scholes 模型中假设标的资产波动率是固定不变的,这与"波动率微笑"现象不一致。因此,学者们开始构建随机波动率模型刻画资产波动率。如 Heston 结合特征函数方法,得到了随机波动率模型下期权价格的封闭解,并通过市场数据证实了随机波动率模型可以反映多种类型的期权价格偏差。

(4) 标的资产无收益支付。Black-Scholes 模型中假设标的资产无收益支付,这显然存在不足,如股票会以股利或者送股等方式存在定期或不定期的收益支付。学者们对此进行了扩展研究,如 Merton 将股息率纳入 Black-Scholes 模型,从而得到考虑股息率的期权定价模型。

8.4 公司债务定价模型

一般我们将股权和债券等视为衍生证券的标的资产,但其价值却依赖于公司的综合价值。因此,我们可以将它们视为在"公司价值"这一更基本的标的资产基础上构建的"衍生证券"。因而使得以衍生资产定价模型来为公司股权、债权以及其他更为复杂的金融资产定价成为可能,下面便介绍 Merton 提出的公司债务定价模型。

为了发展 Black-Scholes 定价模型,做如下假设。

(1) 没有交易成本,没有税收,也不存在资产的不可分割问题。

(2) 有大量的投资者,其财富水平相差不大,因此每个投资者都认为他可以以市场价格买卖任何资产。

(3) 存在借款利率和贷款利率相同的交易市场。

(4) 所有资产都允许卖空,并且对所得收益的使用没有限制。

(5) 资产交易在时间上连续进行。

(6) 公司价值和它的资本结构无关。

(7) 期限结构"固定",并且确定已知。即对于承诺在未来时刻 τ 支付 1 元的无风险贴现债券,它的价格为 $P(\tau)=\mathrm{e}^{-r\tau}$,$r$ 为无风险利率且不随时间改变。

(8) 在整个时间上,公司价值 V_t 的动态变化遵循如下随机微分方程:

$$\mathrm{d}V_t = (\mu V_t - C)\mathrm{d}t + \sigma V_t \mathrm{d}B_t \qquad (8-20)$$

式中,μ 为公司在单位时间内的期望收益率;σ 为公司在单位时间内的收益的标准差。当 C 是正数时,表示公司在单位时间内对股东或债务持有者的所有支付,如股息或利息;当 C 为负数时,表示公司从新的融资中获得的净收入。

其中许多假设并不是得到模型所必需的,只是为了解释方便,尤其是"完全市场"假设,即假设(1)~(4)可以极大地减弱。假设(6)实际上已经是分析的一部分,假设(7)是为了明显区分风险结构和期限结构对定价的影响。假设(5)和(8)是关键性假设,前者要求证券市场大部分时间都要营业,进行交易;后者要求价格运动是连续的,并且证券的收益序列相互独立。

假设公司发行的股票或债券等证券的市场价值 Y_t 是公司价值和时间的函数,即 $Y_t = F(t, V_t)$,其动态变化遵循类似的随机微分方程:

$$\mathrm{d}Y_t = (\mu_Y Y_t - C_Y)\mathrm{d}t + \sigma_Y Y_t \mathrm{d}\widetilde{B}_t \qquad (8-21)$$

式中,μ_Y 为该证券在单位时间内的期望收益率;σ_Y 是该证券收益的单位时间标准差;C_Y 是单位时间对该证券的支付;$\widetilde{B}_t$ 为另外一个标准 Brown 运动。

由于 $Y_t = F(t, V_t)$，根据 Ito 公式，可得

$$dY_t = \left[\frac{\partial F(t,V_t)}{\partial t} + (\mu V_t - C)\frac{\partial F(t,V_t)}{\partial x} + \frac{1}{2}\sigma^2 V_t^2 \frac{\partial^2 F(t,V_t)}{\partial x^2}\right]dt + \sigma V_t \frac{\partial F(t,V_t)}{\partial x} dB_t$$

(8 - 22)

比较式(8 - 22)与式(8 - 21)可得

$$\mu_Y Y_t = \frac{\partial F(t,V_t)}{\partial t} + (\mu V_t - C)\frac{\partial F(t,V_t)}{\partial x} + \frac{1}{2}\sigma^2 V_t^2 \frac{\partial^2 F(t,V_t)}{\partial x^2} + C_Y$$

(8 - 23)

$$\sigma_Y Y_t = \sigma V_t \frac{\partial F(t,V_t)}{\partial x}$$

(8 - 24)

$$d\widetilde{B}_t = dB_t$$

(8 - 25)

类似于 Black-Scholes 方程的推导，我们可以通过构建投资组合消除不可预测的 dB_t。考虑构建一个由三个证券组成的"投资组合"，包括公司、特定证券和无风险债务，使得投资组合的总投资为零。利用卖空收益和借款对多头进行融资，就可以得到该投资组合。令 w_1 表示该投资组合投资于公司的货币量，w_2 表示投资于特定证券的货币量，$w_3 (\equiv -(w_1 + w_2))$ 表示投资于无风险债务的货币量，则该投资组合的瞬时收益为

$$dx_t = w_1 \frac{dV_t + Cdt}{V_t} + w_2 \frac{dY_t + C_Y dt}{Y_t} + w_3 r dt$$
$$= (w_1 \mu + w_2 \mu_Y + w_3 r)dt + (w_1 \sigma + w_2 \sigma_Y)dB_t$$
$$= [w_1(\mu - r) + w_2(\mu_Y - r)]dt + (w_1 \sigma + w_2 \sigma_Y)dB_t$$

假设我们选择投资组合策略，使得 $w_1 \sigma + w_2 \sigma_Y = 0$。此时，投资组合的收益为非随机的。此外，投资组合要求净投资为零。为避免通过套利获利，该策略的投资组合的期望(以及实现的)收益为零。于是有

$$\begin{cases} w_1 \sigma + w_2 \sigma_Y = 0, \\ w_1(\mu - r) + w_2(\mu_Y - r) = 0 \end{cases}$$

(8 - 26)

方程(8 - 26)当且仅当

$$\frac{\mu-r}{\sigma}=\frac{\mu_Y-r}{\sigma_Y} \qquad (8-27)$$

时存在非平凡解($w_1\neq 0, w_2\neq 0$)。由式(8-23)和式(8-24),进一步可得

$$\frac{\mu-r}{\sigma}=\frac{\frac{\partial F(t,V_t)}{\partial t}+(\mu V_t-C)\frac{\partial F(t,V_t)}{\partial x}+\frac{1}{2}\sigma^2 V_t^2 \frac{\partial^2 F(t,V_t)}{\partial x^2}+C_Y-rF(t,V_t)}{\sigma V_t \frac{\partial F(t,V_t)}{\partial x}}$$

将上式化简可得

$$\frac{\partial F(t,V_t)}{\partial t}+(rV_t-C)\frac{\partial F(t,V_t)}{\partial x}+\frac{1}{2}\sigma^2 V_t^2 \frac{\partial^2 F(t,V_t)}{\partial x^2}+C_Y-rF(t,V_t)=0 \qquad (8-28)$$

若证券价值为公司价值和时间的函数,则其一定满足式(8-28)。当然,要完全描述该随机微分方程,除了式(8-28)外,还需要具体规定的边界条件和初始条件,且恰好这些具体的边界条件能够区分不同的证券(如公司债务和股权)。在边界条件和初始条件下,求解方程(8-28),便可以获得相应的公司债务价值。

习题 8

1. 求解随机微分方程:

$$dX_t=(1-\pi)rX_t dt+\frac{\pi X_t}{S_t}dS_t$$

其中,初始条件为 $X_0=x$,$dS_t=\mu S_t dt+\sigma S_t dB_t$,$\mu,\sigma,\pi$ 与 r 均为常数。

2. 求解随机微分方程:

$$dX_t=\left[k(\theta-X_t)-\frac{\sigma^2}{2}\right]dt+\sigma dB_t$$

其中,初始条件为 $X_0=x$,k,θ 与 σ 均为常数。

3. 求上面第 2 题随机微分方程解的均值函数 $E(X_t)$ 与方差函数 $\mathrm{Var}(X_t)$。

4. 欧式看涨期权公式如下:

$$F(t,S)=S\Phi(d_1)-Ke^{-r(T-t)}\Phi(d_2)$$

其中，$d_1 = \dfrac{\ln\dfrac{S}{K} + \left(r + \dfrac{1}{2}\sigma^2\right)(T-t)}{\sigma\sqrt{T-t}}$，$d_2 = d_1 - \sigma\sqrt{T-t}$，$S$ 为 t 时刻标的资产价格。证明：

$$\frac{\partial F}{\partial S} = \Phi(d_1)$$

5. 当 $t \to T$ 时，证明上面第 4 题中欧式看涨期权公式的值趋向于 $\max\{S-K, 0\}$。

参考文献

[1] Artzner P, Delbaen F. Default risk insurance and incomplete markets[J]. Mathematical finance, 1995, 5(3): 187-195.

[2] Ball R. Anomalies in relationships between securities' yields and yield-surrogates[J]. Journal of financial economics, 1978, 6(2/3): 103-126.

[3] Black F, Scholes M. The pricing of options and corporate liabilities [J]. Journal of political economy, 1973, 81(3): 637-654.

[4] Cox J C, Ingersoll J E, Ross S A. A theory of the term structure of interest rates[J]. Econometrica, 1985, 53(2): 385-407.

[5] Cox J C, Ross S A, Rubinstein M. Option pricing: A simplified approach[J]. Journal of financial economics, 1979, 7(3): 229-263.

[6] Fama E F, Fisher L, Jensen M C, et al. The adjustment of stock prices to new information[J]. International economic review, 1969, 10(1): 1-21.

[7] Fama E F. Efficient capital markets: A review of theory and empirical work[J]. The journal of finance, 1970, 25(2): 383-417.

[8] Gihman I I, Skorohod A V. Vector stochastic differential equations [M]// Stochastic Differential Equations. Berlin, Heidelberg: Springer Berlin Heidelberg, 1972: 215-244.

[9] Heston S L. A closed-form solution for options with stochastic volatility with applications to bond and currency options[J]. The review of financial studies, 1993, 6(2): 327-343.

[10] Jarrow R A, Lando D, Turnbull S M. A Markov model for the term structure of credit risk spreads[J]. The review of financial studies, 1997, 10(2): 481-523.

[11] Jarrow R A, Turnbull S M. Pricing derivatives on financial securities subject to credit risk[J]. The journal of finance, 1995, 50(1): 53-85.

[12] Merton R C. On estimating the expected return on the market[J]. Journal of financial economics, 1980, 8(4): 323-361.

[13] Merton R C. On the pricing of corporate debt: The risk structure of interest rates[J]. The journal of finance, 1974, 29(2): 449-470.

[14] Merton R C. Option pricing when underlying stock returns are discontinuous[J]. Journal of financial economics, 1976, 3(1/2): 125-144.

[15] Merton R C. Theory of rational option pricing[J]. The bell journal of economics and management science, 1973, 4(1): 141-183.

[16] Samuelson P A. Proof that properly anticipated prices fluctuate randomly[J]. Management review, 1965, 6(2): 41-49.

[17] Vasicek O. An equilibrium characterization of the term structure[J]. Journal of financial economics, 1977, 5(2): 177-188.

[18] Watts R L. Systematic 'abnormal' returns after quarterly earnings announcements[J]. Journal of financial economics, 1978, 6(2/3): 127-150.

[19] 施利亚耶夫. 随机金融基础:第一卷事实·模型[M]. 史树中,译. 北京:高等教育出版社,2008.

[20] 鲍祥霖,黄培清. 分析金融学[M]. 上海:上海交通大学出版社,2009.

[21] 陈舜. 期权定价理论及其应用[M]. 北京：中国金融出版社，1998.

[22] 陈信华. 金融衍生工具：定价原理、运作机制及实际运用[M]. 上海：上海财经大学出版社，2004.

[23] 程希骏. 金融资产定价理论[M]. 合肥：中国科学技术大学出版社，2006.

[24] 崔殿超. 高级经济学数学基础[M]. 哈尔滨：黑龙江大学出版社，2008.

[25] 达菲，辛格尔顿. 信用风险：定价、度量和管理[M]. 许勤，魏巍，杜鹃，译. 上海：上海财经大学出版社，2009.

[26] 戴国强，徐龙炳，陆蓉. 金融市场有效性探讨[M]. 上海：上海财经大学出版社，2005.

[27] 方兴. 金融工程学[M]. 北京：首都经济贸易大学出版社，2004.

[28] 冯玲，方杰. 随机过程及其在金融中的应用[M]. 北京：中国人民大学出版社，2020.

[29] 蒋殿春. 金融经济学[M]. 北京：中国统计出版社，2004.

[30] 刘次华. 随机过程[M]. 4版. 武汉：华中科技大学出版社，2008.

[31] 刘志新，贾福清. 证券市场有效性理论与实证[M]. 北京：航空工业出版社，2001.

[32] 陆传赉. 随机过程习题解析[M]. 2版. 北京：北京邮电大学出版社，2012.

[33] 默顿. 连续时间金融[M]. 郭多祚，王远林，徐占东，译. 北京：中国人民大学出版社，2005.

[34] 马俊海. 金融衍生证券定价的数值分析方法[M]. 杭州：浙江人民出版社，2002.

[35] 马利亚里斯，布罗克. 经济学和金融学中的随机方法[M]. 陈守东，

等译.上海：上海人民出版社，2004.

[36] 聂皖生.期权[M].北京：中国经济出版社，2007.

[37] 施里夫.金融随机分析：第二卷连续时间模型[M].陈启宏,陈迪华,译.修订版.上海：上海财经大学出版社，2015.

[38] 史树中.金融经济学十讲[M].上海：上海人民出版社，2004.

[39] 史悦,孙洪祥.概率论与随机过程[M].北京：北京邮电大学出版社，2010.

[40] 孙健.金融衍生品定价模型：数理金融引论[M].北京：中国经济出版社，2007.

[41] 田存志.金融工程与衍生产品创新研究：一种基于鞅定价的分析方法[M].昆明：云南大学出版社，2006.

[42] 霍,李尚斌.金融建模：应用于资本市场、公司金融、风险管理与金融机构[M].蔡明超,张健,季俊哲,译.上海：上海财经大学出版社，2007.

[43] 王安兴.利率模型[M].上海：上海财经大学出版社，2007.

[44] 柳金甫,孙洪祥,王军.应用随机过程[M].北京：清华大学出版社，2006.

[45] 王军,邵吉光,王娟.随机过程及其在金融领域中的应用[M].2版.北京：清华大学出版社，2018.

[46] 伍海华,杨德平.随机过程：金融资产定价之应用[M].北京：中国金融出版社，2002.

[47] 肖悦文.金融随机分析概要[M].上海：复旦大学出版社，2019.

[48] 叶蜀君.信用风险度量与管理[M].北京：首都经济贸易大学出版社，2008.

[49] 雍炯敏,刘道百.数学金融学[M].上海：上海人民出版社，2003.

[50] 赫尔. 期权、期货和其它衍生产品[M]. 张陶伟,译. 3版. 北京:华夏出版社,2000.

[51] 张金清. 金融风险管理[M]. 2版. 上海:复旦大学出版社,2011.

[52] 赵晓菊. 信用风险管理[M]. 上海:上海财经大学出版社,2008.

[53] 周建胜,蔡幸. 现代金融衍生工具前沿[M]. 南宁:广西民族出版社,2007.

[54] 周晔. 金融风险度量与管理[M]. 北京:首都经济贸易大学出版社,2010.

附　　录

附录1　金融工程简介

金融工程是20世纪80年代末90年代初出现的一门新兴的交叉学科。金融工程学开始被狭义地定义为对金融风险管理工具和技术的研究，它起源于20世纪80年代伦敦的银行界。当时有些银行设立了专家小组，对客户的风险进行度量，并应用组合工具进行结构化管理。这类工作被称为金融工程，从事此类工作的专家被称为金融工程师。20世纪七八十年代以来，随着金融创新和金融自由化浪潮的兴起，人们对金融工程学的认识迅速拓宽。金融工程学的创始人之一约翰·芬尼迪（John Finnerty）于1988年给出了金融工程学广义的定义："将工程思维引入金融领域，综合地采用各种工程技术方法设计、开发和实施新型的金融产品，创造性地解决各种金融问题"。

金融产品广义的含义既包括金融商品（所有在金融市场交易的金融工具，如股票、债券、期货、期权等都被视为金融商品），又包括金融服务（如结算、清算、发行、承销等）。设计、开发和实施新型金融产品的目的是创造性地解决金融问题，这些创造性的解决方案也可以产品化。

在金融工程学广义的定义中"新型"和"创造性"最值得重视，它们包括三种含义：一是金融领域中思想的跃进，其创造性最高，如创造出第一份期权合约、第一份互换合约；二是对已有的观念做出新的理解和应用，如将期货交易推广到以前未能涉及的领域，产生了金融期货；三是对已有的金融产品和手段进行重新分解和组合，从而创造出新的金融工具，如远期互换、期货期权、互换权和许许多多层出不穷的复合金融工具。

针对金融工程学的研究范围,约翰·芬尼迪将其分为以下三个方面:

(1) 新型金融工具的设计与开发。

这部分内容是目前金融工程学研究的主要领域,从互换、期权、远期利率协议,到指数期货、证券存托凭证等皆属此列。

(2) 为降低交易成本的新型金融手段的开发。

这部分内容包括金融市场套利机会的发掘和利用、交易清算系统的创新等,目的是充分挖掘盈利潜力,降低"管制成本"。

(3) 创造性地为解决某些金融问题提供系统完备的解决办法。

这部分内容包括各类风险管理技术的开发与运用、现金管理策略的创新、公司融资结构的创造、企业兼并收购方案的设计、资产证券化的实施等。

金融工程的工程方法论大量地采用数学和统计学的工具,还用到了其他与系统科学和决策科学有关的工具。在计算机信息技术的支持下,利用金融市场的实际数据开展实证研究,并创建实验室环境来试验各种创新设计和开发的金融产品,也就是发展实证的金融学。总之,自然科学和工程化的方法论已经向金融学全面渗透。金融工程的产生把金融科学推进到了一个新的阶段。金融工程是现代金融学、信息技术和工程方法相结合的一门新兴的交叉学科,是金融科学的工程化。

附录 2　货币的时间价值

货币的时间价值是指当前所持有的一定量货币比未来获得的等量货币具有更高的价值。原因在于：将当前持有的货币（如 1 000 元）进行投资，到未来某时刻得到的本金和利息之和会大于初始状态的 1 000 元；另外，通货膨胀会造成当前的 1 000 元的购买力大于未来的 1 000 元。在相关的金融研究中，不能把不同时期的现金数额进行直接加总，因为各期现金的比较没有基准，这样的加总是毫无意义的。为了解决这个问题，需要通过求现值或终值的方式，使得不同期的现金数额在经过相关的调整和转换后，可以在一个基准上进行计算和比较。

(一) 终值的含义

将当前时刻的现金价值换算成未来时刻的价值，这个过程被称作求终值（Future Value，FV）。假设当前有 1 000 元，将这笔钱存入银行，年利率为 5%，如果存款时间为 1 年，则 1 年后可得到的本金与利息和为：

$$FV = 1\,000 \times (1+5\%) = 1\,050(元)$$

可以称当前的 1 000 元在 1 年后的终值等于 1 050 元。如果使用单利计息方式，则 2 年后可得到的本利和为：

$$FV = 1\,000 \times (1+5\% \times 2) = 1\,100(元)$$

也就是说，1 年后的本金和利息中，原始本金用于第 2 年利息的计算。

以此类推，若当前的本金为 P，年利率为 r，按单利计息则 n 年后其终值为：

$$FV = P(1+nr)$$

若持有期限不是整年，则需要将持有期限换算为年。如持有 m 天，

按 1 年 365 天计算,则其终值为:

$$FV=P\left(1+\frac{m}{365}r\right)$$

如果 1 年后的本金与利息和作为第 2 年利息计算的依据,则称这种计算方式为复利计息。在上面的例子中,如果采用复利计息,则第 2 年年末本利和为:

$$FV=1\,000\times(1+5\%)^2=1\,102.5(元)$$

以此类推,若当前的本金为 P,年利率为 r,按复利计息则 n 年后其终值为:

$$FV=P(1+r)^n$$

如果调整计息的频度,假设 1 年计息 n 次,则复利条件下 m 年后的终值为:

$$FV=P\left(1+\frac{r}{n}\right)^{m\times n}$$

在极端情况下,若复利计息每时每刻都在进行,则这种计息方式被称作连续复利。此时假设期初本金数额为 P,年利率为 r,时间长度为 t 年,则有:

$$FV=\lim_{n\to+\infty}P\left(1+\frac{r}{n}\right)^{n\cdot t}=P\lim_{n\to+\infty}\left[\left(1+\frac{r}{n}\right)^{n/r}\right]^{rt}=Pe^{rt}$$

相比普通的复利计息,连续复利是在金融理论研究中经常用到的计息方式。

(二) 现值的含义

将未来时刻的现金价值换算成当前时刻的价值,这个过程被称作求现值(Present Value,PV)。在现实中,常常还要考虑这样的问题:当前时刻需要存入银行多少资金,才能在 5 年后得到 100 000 元?为解决这一问题,需要计算未来一定数额的资金在现在的价值。

假设未来 1 年后可以得到 1 000 元,投资的年收益率为 5%,则当前应当投入的资金数额为:

$$PV = \frac{1\ 000}{1+5\%} \approx 952.38(元)$$

这里的 952.38 元就是 1 年后 1 000 元的现值,现值的计算被称作贴现或折现,相应的利率 5% 被称作贴现率或折现率。对于未来第 n 期的资金数额 P,假设每期的贴现率是 r,则其现值就是:

$$PV = \frac{P}{(1+r)^n}$$

求现值可看作求终值的逆运算。因此,在连续复利条件下,现值的计算公式如下:

$$PV = Pe^{-rt}$$

式中,未来的资金数额为 P,年贴现率为 r,时间长度为 t 年。

附录 3　期权定价理论回顾

关于期权定价问题的研究最早可追溯到 1900 年,当时法国学者劳伦斯·巴施里耶在其博士论文"The Theory of Speculation"中首次给出了欧式期权定价公式。他假设股票价格变化是无序的,即股票价格变化为 Brown 运动,并进一步假设股票收益率服从正态分布。在这些假设条件下,Louis Bachelier 得到如下欧式期权定价公式:

$$c(S,T)=SN\left(\frac{S-K}{\sigma\sqrt{T}}\right)-KN\left(\frac{S-K}{\sigma\sqrt{T}}\right)+\sigma\sqrt{T}n\left(\frac{K-S}{\sigma\sqrt{T}}\right)$$

式中,S 为股票价格;K 为期权执行价格;T 为期权到期时间;σ 为股票收益率标准差;$N(\cdot)$ 为累计正态分布密度函数;$n(\cdot)$ 为正态分布密度函数。上述期权定价模型存在以下不足:一是假设股票价格变化为 Brown 运动,使得股票价格出现负值的概率大于零,从而导致与现实不符;二是没有考虑资金的时间价值。尽管如此,Louis Bachelier 的研究成果为后人的研究指明了方向。

在 Louis Bachelier 的研究基础上,人们对期权定价问题进行了长期的研究。1961 年,Case·M. Sprenkle 假设股票价格的变化过程满足对数正态分布,且股票价格具有固定的平均值和方差,通过在随机游走过程中引入正向漂移,得到欧式看涨期权公式:

$$c(S,T)=e^{\rho T}SN(d_1)-(1-A)KN(d_2)$$

式中,$d_1=\frac{1}{\sigma\sqrt{T}}\left[\ln\frac{S}{K}+\left(\rho+\frac{1}{2}\sigma^2\right)T\right]$,$d_2=d_1-\sigma\sqrt{T}$;$\rho$ 表示股票价格的平均增长率;A 表示风险厌恶程度。而该公式中股票价格的平均增长率和风险厌恶程度需要估计,从而影响了其在实际中的应用。

A. James Boness 假定股票收益率为一个固定的对数分布,利用股票

的期望收益率,通过将到期股票价格贴现,得到如下欧式看涨期权公式:

$$c(S,T) = SN(d_1) - Ke^{-\rho T}N(d_2)$$

式中,$d_1 = \frac{1}{\sigma\sqrt{T}}\left[\ln\frac{S}{K} + \left(\rho + \frac{1}{2}\sigma^2\right)T\right]$,$d_2 = d_1 - \sigma\sqrt{T}$。该公式与Black-Scholes期权定价公式完全相同,但此处的ρ表示股票的预期收益率而不是无风险利率。

1965年,Paul A. Samuelson假设期权的风险水平与股票的风险水平是不同的,得到如下欧式看涨期权的定价公式:

$$c(S,T) = Se^{-(\rho-\alpha)T}N(d_1) - Ke^{-\alpha T}N(d_2)$$

式中,$d_1 = \frac{1}{\sigma\sqrt{T}}\left[\ln\frac{S}{K} + \left(\rho + \frac{1}{2}\sigma^2\right)T\right]$,$d_2 = d_1 - \sigma\sqrt{T}$。显然,A. James Boness的公式是$\rho = \alpha$时的特例。1969年,Paul A. Samuelson与其学生Robert Merton提出了将期权价格作为标的股票价格的函数思想,从而得到另一个期权定价模型。

可见,在Black-Scholes期权定价模型提出之前,虽然学者们已经构建了各种各样的期权定价模型,但是这些模型或多或少都包含一些主观参数,导致这些模型几乎不具有任何现实价值。

1973年,Fischer Black与Myron Scholes在 *The Journal of Political Economy* 上发表的"The Pricing of Options and Corporate Liabilities"一文中提出了Black-Scholes欧式期权定价模型,为期权这一重要的资本市场衍生工具的定价提供了理论基础,成为不仅在金融领域而且在整个经济学中最成功、最具有实用价值的理论之一,并导致在世界范围内出现一股研究资本市场理论的热潮。除了Fischer Black与Myron Scholes外,Robert Merton也对期权定价理论和实践的发展做出了开创性的贡献。他几乎与Fischer Black与Myron Scholes在同一时间得到了期权定价模型及一些重要的成果(1973年,Robert Merton在 *The Bell Journal of Economics and Management Science* 上发表论文"Theory of Rational

Option Pricing")。此外,1976 年,Robert Merton 将 Black-Scholes 期权定价模型推广到了股票价格变化可能存在跳跃点的场景,并得到了包含标的股票连续支付红利情况的期权定价模型。

1997 年,Robert Merton 和 Myron Scholes 获得了当年的诺贝尔经济学奖(诺贝尔奖只颁给还在世的科学家,当时 Fischer Black 已经逝世),可以说是对 Black-Scholes 期权定价模型在经济学发展中的贡献做出了肯定。

附录4 期权定价的一般形式推导

从假设可交易资产满足的微分方程出发,利用复制策略可推导出 Black-Scholes 方程。但在一些情况下,作为出发点的随机微分方程不一定是模拟可交易资产的。如对于利率衍生产品的定价,这里的随机微分方程是关于利率的,而利率是不可交易的资产。因此,为了使推导更具一般性,可采用另一种方法来推导 Black-Scholes 方程,具体如下。

首先,从一个基本量 S 满足如下随机微分方程出发:

$$dS = \mu(t,S)S dt + \sigma(t,S)S dW_t \quad (\text{附} 4-1)$$

为简化记号,在不至于混淆的情况下省略下标 t。假设有两个依赖于 S 和 t 的衍生产品,其价值分别记为 f 和 g,满足如下方程:

$$df = \mu_1 f dt + \sigma_1 f dW_t$$

$$dg = \mu_2 g dt + \sigma_2 g dW_t$$

由 Ito 公式可知:

$$\mu_1 = \frac{\mu S \frac{\partial f}{\partial S} + \frac{1}{2}\sigma^2 S^2 \frac{\partial^2 f}{\partial S^2} + \frac{\partial f}{\partial t}}{f}, \sigma_1 = \frac{\sigma S}{f} \cdot \frac{\partial f}{\partial S} \quad (\text{附} 4-2)$$

$$\mu_2 = \frac{\mu S \frac{\partial g}{\partial S} + \frac{1}{2}\sigma^2 S^2 \frac{\partial^2 g}{\partial S^2} + \frac{\partial g}{\partial t}}{g}, \sigma_2 = \frac{\sigma S}{g} \cdot \frac{\partial g}{\partial S} \quad (\text{附} 4-3)$$

现在来构造一个投资组合

$$V = \alpha f + \beta g \quad (\text{附} 4-4)$$

使该投资组合是自融资的,即该投资组合的价值变化仅源于投资组合中各种资产价值的变化,而且不买卖任何证券,也不再投入额外的资金。这意味着

$$dV = \alpha df + \beta dg = (\alpha \mu_1 f + \beta \mu_2 g) dt + (\alpha \sigma_1 f + \beta \sigma_2 g) dW_t \quad (\text{附} 4-5)$$

并且我们要求该投资组合没有任何的盈亏不确定性,于是可得:

$$\alpha\sigma_1 f + \beta\sigma_2 g = 0 \qquad (附4-6)$$

联立附式(4-4)和附式(4-6)得

$$\alpha = \frac{-\sigma_2 V}{(\sigma_1 - \sigma_2)f}, \beta = \frac{\sigma_1 V}{(\sigma_1 - \sigma_2)g}$$

令

$$\tilde{\alpha} = \frac{-\sigma_2}{\sigma_1 - \sigma_2}, \tilde{\beta} = \frac{\sigma_1}{\sigma_1 - \sigma_2}$$

于是可得:

$$\alpha f = \tilde{\alpha} V, \beta g = \tilde{\beta} V$$

由无套利原理可知,无风险投资组合只能获得无风险收益。进一步根据附式(4-5)和附式(4-6),投资组合 V 满足:

$$dV = (\tilde{\alpha}\mu_1 + \tilde{\beta}\mu_2)V dt = rV dt$$

注意到 $\tilde{\alpha} + \tilde{\beta} = 1$,于是有

$$\tilde{\alpha}\mu_1 + \tilde{\beta}\mu_2 = r = (\tilde{\alpha} + \tilde{\beta})r = \tilde{\alpha}r + \tilde{\beta}r$$

从而有

$$\frac{\mu_1 - r}{\sigma_1} = \frac{\mu_2 - r}{\sigma_2}$$

因此可得:对于任何一个基于变量 S 和时间 t 的衍生产品,其值

$$\frac{\mu - r}{\sigma} = \lambda \qquad (附4-7)$$

是固定的。对于相同的标的构建的不同衍生产品之间具有相同的 λ 值,这个值就被称作风险的市场价格。之所以称之为风险的市场价格,是因为它表示了单位波动率所带来的超额收益率。因此可以将上述结论重述为:金融市场中只依赖于同一标的的衍生证券的风险具有相同的市场价格;否则,就存在套利机会。

由上述结论与附式(4-2)可得:

$$(\mu-\lambda\sigma)S\frac{\partial f}{\partial S}+\frac{1}{2}\sigma^2 S^2\frac{\partial^2 f}{\partial S^2}+\frac{\partial f}{\partial t}=rf \qquad (附4-8)$$

该方程对所有基于 S 和 t 的衍生产品都成立。特别地,当 S 是可交易资产时,该方程对 S 自身也是成立的,于是将附式(4-7)代入附式(4-8)得:

$$rS\frac{\partial f}{\partial S}+\frac{1}{2}\sigma^2 S^2\frac{\partial^2 f}{\partial S^2}+\frac{\partial f}{\partial t}=rf$$

附录 5　期权价格的敏感性参数

在期权交易中,特别是期权的套期保值交易,我们不仅要知道各种因素对期权价格的影响方向,而且需知道各种因素对期权价格的影响程度。为此,需要对期权价格的敏感性进行分析,而其是指期权价格的决定因素的变动对期权价格的影响程度,下面借助各种参数进行量化分析。

下面附式(5-1)和附式(5-2)分别为欧式看涨期权与欧式看跌期权的价格公式:

$$C = S_0 \Phi(d_1) - K e^{-rt} \Phi(d_2) \quad \text{(附 5-1)}$$

$$P = K e^{-rt} \Phi(-d_2) - S_0 \Phi(-d_1) \quad \text{(附 5-2)}$$

其中

$$d_1 = \frac{\ln\frac{S_0}{K} + \left(r + \frac{\sigma^2}{2}\right)t}{\sigma\sqrt{t}}, \quad d_2 = \frac{\ln\frac{S_0}{K} + \left(r - \frac{\sigma^2}{2}\right)t}{\sigma\sqrt{t}} \quad \text{(附 5-3)}$$

假设无风险收益率 r 和标的资产的波动率 σ 均为常数,则欧式看涨期权或者欧式看跌期权的价格均为一个关于以下几个参数的函数:标的资产当前价格 S_0、执行价格 K、距到期时间 t、无风险收益率 r、标的资产的波动率 σ。注意到,由于执行价格是被合约本身的标准化合同规定了的,因此在合约期限内无法改变。

(一) Delta

Delta 考察的是期权价格随标的资产价格变化的关系。从数学角度看,Delta 是期权价格相对于标的资产价格的偏导数,其金融学含义为:期权价格的改变量与标的资产价格改变量的比值。显而易见,这个公式表示标的资产价格变动对期权价格的影响,即当标的资产价格变动一个单位时,期权价格将会变动若干个单位。

对于欧式看涨期权,其 Delta 值为:

$$\frac{\partial C}{\partial S} = \Phi(d_1) > 0 \qquad (附 5-4)$$

直观上看,欧式看涨期权的 Delta 值恒为正,因为标的资产当前价格越高,看涨期权的价格也越高。对于欧式看跌期权,其 Delta 值为:

$$\frac{\partial P}{\partial S} = \Phi(d_1) - 1 < 0 \qquad (附 5-5)$$

欧式看跌期权的 Delta 值恒为负,因为标的资产当前价格越高,看跌期权的价格越低。Delta 的意义在于它是为了对冲期权而需要持有的标的资产数量。

(二) Gamma

Gamma 衡量 Delta 与标的资产价格变动的关系,从数学角度看相当于期权价格对标的资产价格的二阶偏导数。对于欧式看涨期权而言,其 Gamma 值为:

$$\frac{\partial^2 C}{\partial S^2} = \frac{\Phi'(d_1)}{S_0 \sigma \sqrt{t}} \qquad (附 5-6)$$

可见,欧式看涨期权的 Gamma 值恒为正,因此欧式看涨期权的价格是关于标的资产价格的凸函数。根据平价原理,欧式看跌期权的 Gamma 值与欧式看涨期权相等。

(三) Theta

Theta 衡量期权价格与时间变化之间的关系,从数学角度看相当于期权价格对时间的偏导数。对于欧式看涨期权和欧式看跌期权而言,其 Theta 值分别如下:

$$-\frac{\partial C}{\partial t} = -\frac{S_0 \Phi'(d_1)\sigma}{2\sqrt{t}} - rKe^{-rt}\Phi(d_2) \qquad (附 5-7)$$

$$-\frac{\partial P}{\partial t} = -\frac{S_0 \Phi'(d_1)\sigma}{2\sqrt{t}} + rKe^{-rt}\Phi(-d_2) \qquad (附 5-8)$$

显然，欧式看涨期权的 Theta 值恒为负，所以期权价格随时间增加而逐渐下降。而对于欧式看跌期权，情况有所不同。当标的资产价格远低于执行价格时，欧式看跌期权的 Theta 值可以是正的，此时期权价格随时间增加而升高。

（四）Vega

Vega 衡量期权价格与标的资产波动率之间的关系，从数学角度看相当于期权价格对波动率的偏导数。对于欧式看涨期权而言，其 Vega 值如下：

$$\frac{\partial C}{\partial \sigma} = S_0 \sqrt{t} \Phi'(d_1) \qquad (附5-9)$$

显然，上述 Vega 值恒为正。当波动率升高时，欧式看涨期权的价格也升高，因为未来的不确定性升高。而欧式看跌期权的 Vega 值与欧式看涨期权是相等的，因此波动率越高，欧式看跌期权的价格也越高。

（五）Rho

Rho 衡量期权价格与无风险利率之间的关系，从数学角度看相当于期权价格对无风险利率的偏导数。对于欧式看涨期权与欧式看跌期权而言，其 Rho 值分别如下：

$$\frac{\partial C}{\partial r} = K t e^{-rt} \Phi(d_2) \qquad (附5-10)$$

$$\frac{\partial P}{\partial r} = -K t e^{-rt} \Phi(-d_2) \qquad (附5-11)$$

显然，欧式看涨期权价格与无风险利率之间为正相关，而欧式看跌期权价格与无风险利率之间为负相关。

附录6 标的资产的波动率

标的资产的波动率是期权定价里面一个极其重要的变量,是指标的资产价格变动的频率与幅度,用来衡量标的资产价格的波动剧烈程度。波动率可以分为两种:一种为历史波动率,另一种是隐含波动率。历史波动率是根据标的资产历史价格的变动数据计算出来的,反映在过去一段时间内标的资产价格变动的年度标准差,能够反映标的资产价格过去的波动情况,从而可以用此推断标的资产将来的价格波动情况。隐含波动率是指把期权的市场价格代入 Black-Scholes 期权定价模型中反推出来的,反映投资者对未来标的资产波动率的预期,在某种程度上能够反映市场的供求关系。

(一) 历史波动率

历史波动率可以通过以下三个步骤来计算:(1) 从市场上获得标的资产在固定时间间隔上的价格,如每天、每周和每月等;(2) 对于每个时间段,求出标的资产对数收益率,即每个时间段末的标的资产价格与该时间段初的价格之比的自然对数;(3) 求出对数收益率的标准差,得到历史波动率。

假设 $S_i(i=1,2,\cdots,n,n+1)$ 为第 i 个时间间隔的标的资产价格,则可得其对数收益率 $u_i=\ln(S_{i+1}/S_i)(i=1,2,\cdots,n)$,从而可得标的资产历史波动率为:

$$\sigma = \sqrt{\frac{1}{n-1}\sum_{i=1}^{n}\left(u_i - \frac{1}{n}\sum_{i=1}^{n}u_i\right)^2}$$

通常定价模型中的波动率为年波动率,应当以日数据估算出日波动率后,再换算成年波动率。不同时长的波动率之间可以换算,换算规则为:

长周期波动率＝短周期波动率×(长周期内含有的短周期数)$^{1/2}$

例如：

一年有 12 个月，则年波动率＝月波动率×$\sqrt{12}$＝3.464×月波动率；

一年有 52 周，则年波动率＝周波动率×$\sqrt{52}$＝7.211×周波动率；

一年大约有 248 个交易日，则年波动率＝日波动率×$\sqrt{248}$＝15.748×日波动率；

一个月有 4.3 周，则月波动率＝周波动率×$\sqrt{4.3}$＝2.074×周波动率；

一个月有 21 个交易日，则月波动率＝日波动率×$\sqrt{21}$＝4.583×日波动率；

一周有 5 个交易日，则周波动率＝日波动率×$\sqrt{5}$＝2.236×日波动率。

(二) 隐含波动率

从理论上来说，要获得隐含波动率并不困难。因为 Black-Scholes 期权定价模型给出了决定期权理论价格的 5 个基本参数：标的资产价格、执行价格、无风险利率、到期时间和波动率，只要将前 4 个参数及期权的实际市场价格代入定价公式，就可以解出隐含波动率。在求隐含波动率时，可以采用试错的方法，将不同的波动率代入 Black-Scholes 期权定价模型中，看看哪一个波动率得到的期权价格与期权市场价格之差可以低到±0.1，甚至是±0.01，此时的波动率便是隐含波动率。这种方法效率比较低，还可以采用二分法对隐含波动率进行估算。

一般情况下，历史波动率不等于隐含波动率，因为其未必能够充分反映期权到期前标的资产价格的波动情况，而是将历史波动率作为参考，主要根据隐含波动率对期权进行定价。因为隐含波动率是市场对期权在有效期限内预期波动率的共识，所以其有别于基于历史数据得到的历史波动率。